"말잘하고 글잘쓰는 리더되기

말잘하고 글잘쓰는 리더되기

1판 1쇄 발행 2012년 12월 20일

집필	김세정, 서유리
기획	이봉순
편집	디박스
디자인	디박스
일러스트	손희선
발행인	이연화
발행처	아주큰선물

주소	서울시 용산구 이촌동 한가람 Ⓐ 214-1002
대표전화	02-796-7411
대표팩스	02-796-7412
등록번호	106-09-23890

※ 이 교재를 무단 복사, 복제할 경우 법의 처벌을 받게 됩니다.

"말 잘하고 글 잘 쓰는 리더되기

다양하고 입체적인 토론, 연설로 스피치 달인되기

다양한 자기소개서와 개성있는 회장 연설문쓰기

개성 만점! 친구들의 전교회장, 학급 회장연설문 예시 수록

김세정, 서유리 공저

아주큰선물

머리말

"지금 여러분은 어떤 사람인가요?"
"미래에는 어떤 사람이 되고 싶은가요?"

라는 질문을 던지면 많은 아이들이 선뜻 대답을 못해요.

"무슨 말을 해야 할지 모르겠어요."라거나
"자신이 없어요."라면서요.

하지만 요즘은 초등학생들도 곳곳에서 이런 질문을 받게 되고,
또 피할 수 없는 질문이기도 합니다.
이제 학교에서, 회장 선거에서, 모임에서, 각종 면접에서 자기를 표현하는 일은 필수가 되었으니까요.

마음 속에 아무리 귀한 보물을 가지고 있어도 제대로 표현하지 못하면 한낱 돌멩이와 다를 바 없답니다. 그러니 자신을 효과적으로 표현하는 일은 그만큼 자신을 돋보이게 하는 수단이기도 합니다. 살아가다 보면 끊임없이 자신을 소개하거나 발표를 해야 하는 요즘, '피할 수 없다면 즐겨라' 라는 말이 있어요.

어차피 해야 할 일이라면 즐기면서 할 수 있는 방법을 생각해 보세요.

자신을 표현하는 게 말처럼 쉽지 않다고요?

모든 일은 방법을 알면 어렵지 않아요. 이 책에서 여러분에게 말과 글로 자신을 제대로 표현하는 비결을 하나하나 알려 줄게요.

지금부터 여러분도 어디서나 당당하게 자기를 멋지게 표현하는 리더가 되어 보세요.

멋진 리더가 되길 응원하며
김세정, 서유리

차례

1단계 자기소개 하기
내 안에 숨은 진짜 '나'를 찾아라!

1 '나' 관찰하기   12
(1) '나'의 생김새 관찰하기 - **나를 찾는 광고 만들기**   17
(2) '나'의 내면 관찰하기 - **나의 성격, 취미, 특기 알기**   19
(3) '나'의 인생 관찰하기 - **나의 인생 '3대 사건' 기사 만들기**   22
(4) '나'의 주변 인물 관찰하기 - **나의 친구, 가족 소개하기**   26

2 명함 만들기   28
(1) '나'에 대해 정리하기   32
(2) 명함에 들어갈 내용 선정하기   33
(3) 앞면에 들어갈 내용과 뒷면에 들어갈 내용 분류하기   34
(4) 명함 디자인하기   34
(5) 나만의 명함 만들기   35

3 자기 소개하기   36
(1) 비유로 자기 소개하기   40
(2) 인용으로 자기 소개하기   44
(3) 진학을 위한 자기 소개서 쓰기   48

회장 선거 연설하기
친구들의 마음을 훔쳐라!

1 아이디어생성하기   56
    (1) '나'를 돌아보기   59
    (2) 친구들의 마음 읽기   60
    (3) 공약 만들기   61

2 회장선거 연설문쓰기   63
    (1) 유행어 활용하기   67
    (2) 3행시 활용하기   68
    (3) 경험 활용하기   69
    (4) 비유적 표현 활용하기   70
    (5) 속담, 명언, 사자성어 활용하기   71

3 친구들의 다양한 연설문 엿보기   72
    (1) 늘푸른 초등학교 5학년 조현우 학생의 '강남 스타일' 연설문   72
    (2) 압구정 초등학교 5학년 황선영 학생의 '콩깍지' 연설문   74
    (3) 늘푸른 초등학교 2학년 조정우 학생의 '수레바퀴' 연설문   76
    (4) 압구정 초등학교 5학년 이윤서 학생의 '애정녀' 연설문   78

차례

나의 미래 설계하기
꿈으로 '나'의 미래를 밝혀라!

1 미래의 '나' 상상해 보기   82
(1) 미래의 '나' 관찰하기   86
(2) 미래를 구체화시킨 일기 쓰기   90
(3) 자신이 상상하는 최고의 위치에 선 수상 소감문 쓰기   93
(4) 미래에 받고 싶은 상장 만들기   96
(5) 자신을 객관화하는 인터뷰 기사문 쓰기   99
(6) 미래 자서전 쓰기   105

2 꿈과 비전 만들기   121
(1) 비전 선언문 쓰기   125
(2) 역할 모델 정하기   131
(3) 멘토 정하기   136

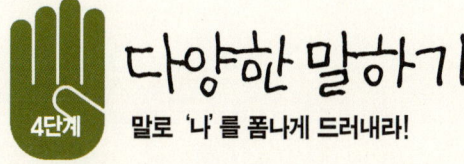

4단계 다양한 말하기
말로 '나'를 폼나게 드러내라!

1 상황별 말하기   142
   (1) 당당하게 자기소개 하기   144
   (2) 호소력 있게 회장 선거 연설하기   149
   (3) 설득력 있게 토의, 토론하기   154
   (4) 정확하고 인상적인 프레젠테이션하기   164

2 스피치 평가하기   170

리더 되기 1단계 자기 소개하기

내 안에 숨은 진짜 '나'를 찾아라!

1. '나' 관찰하기

　내 이름은 '왕소심'. 사람들은 나와 딱 어울리는 이름이라고 해. 하지만 난 내 이름이 너무 싫어. 이 이름 때문에 더 소심해지는 것 같거든. 새로운 사람을 만나는 자리에서도 초긴장, 사람들 앞에 서는 것은 상상도 할 수 없을 정도로 두려워. 그래서 새로운 친구들, 새로운 선생님을 만나는 새학기가 늘 부담된단다. 오늘이 바로 그 새학기의 첫날이야. 그런데 오늘 어마어마한 일이 벌어졌어. 가뜩이나 새 친구들 속에서 초긴장 상태로 있던 나에게 담임 선생님의 얘기는 청천벽력이나 다름없었지. 무슨 얘기냐고? 글쎄, 다음 주에 친구들 앞에서 자기 소개하기를 시킨다지 뭐야. 서로에 대해 알아가기 위해서라나? 친구들 앞에 설 생각만 하면 벌써부터 얼굴이 빨개지고 다리가 후들후들 떨려. 자기 소개에 대한 걱정 때문에 우울한 기분으로 집에 도착했는데 평소 내가 제일 좋아하는 이모가 와 있었어. 이모는 '조언해'라는 이름답게 평소에 나의 고민을 잘 들어주고, 많은 조언을 해 주는 내 멘토야. 반가운 마음에 뛰어 들어가며 이모를 불렀어.

　"이모~"

　"어, 소심이 왔네?, 4학년 되니 기분이 어때? 이제 고학년이네."

　"응, 휴우~ 근데 선생님께서 어마어마한 숙제를 내주셨어. 휴우~"

"무슨 숙젠데? 소심이 한숨에 땅이 꺼지겠다."

"자기 소개하기!"

"뭐? 그렇게 쉬운 숙제가 어디 있다고 한숨이야?"

"쉽다고? 이모! 난 사람들 앞에 서는 게 제일 싫어. 그리고 내 소개를 어떻게 해야 할지도 모르겠고. 자신이 없어."

나는 아무것도 아니라는 듯 말하는 이모의 무심한 답에 서운해서 눈물이 나올 지경이었어.

"음……. 그럼 이모가 좀 도와줄게. 어떻게 하면 친구들 앞에서 소심이에 대해 잘 소개할 수 있을지 생각해 보자."

"그게 문제야 이모. 나도 학교에서 집으로 오는 길에 생각해 봤는데 뭘 소개해야 할지 잘 모르겠어."

"소심아, 예전에 얘기했던 친구, 이름이 '나잘난'이었나? 그 아이는 어떤 아이야?"

"아, 잘난이! 이번에도 같은 반 됐는데……. 휴~ 여러모로 뛰어난 아이야. 얼굴도 예쁘고, 성격도 밝아. 그리고 친구들 앞에서 발표도 잘해. 또랑또랑한 목소리로. 그래서 인기 만점이지. 그런데 가끔 잘난 척을 할 때가 있어. 은근히 자기자랑을 많이 한다니까. 뭐 그런 모습이 자신감 있어 보여서 좋기도 하지만 어떨 때는 거만해 보이기도 해. 아무튼 왕소심한 내가 보기에는 부러운 면이지."

"잘난이에 대해서 잘 알고 있네. 잘난이에 대해서는 잘 알고 있는데 정작 너 자신에 대해서는 잘 모르겠지? 왜일까?"

"그거야 난 평소에 잘난이를 부러워했으니까 잘난이의 일거수일투족을 자세하게 관찰했기 때문이지. 나처럼 잘난이에 대해 잘 아는 사람도 없을 걸~"

"바로 그거야. 대부분의 사람들은 다른 사람에 대해서는 시시콜콜 잘 알면서 정작 자기 자신에 대해서는 잘 모르는 경우가 많아. 그건 사람들이 평소에 자기 자신에 대해 깊이 있게 생각하지 않아서 그래."

"맞아, 이모. 나도 자기 소개하라는 숙제 전까지 나에 대해 한 번도 진지하게 생각해 본 적이 없었어."

"아마 그럴 거야. 자기 소개의 첫 걸음은 바로 자기 자신에 대해 깊이 있고 진지하게 생각해 보는 시간을 가져보는 일이야. '세상은 아는 만큼 보인다'라는 말이 있지? 자신에 대해 잘 알아야만 멋진 자기 소개를 할 수 있고, 자신감도 생기지 않을까? 더 나아가 자신의 모습과 잘 맞는 멋진 미래를 설계해 볼 수 있지."

"이모 말이 맞아. 그런데 나에 대해 잘 알기 위해서는 어떻게 해야 할까?"

"소심아, 훌륭한 과학자들이 인체의 비밀이나 우주의 비밀을 풀기 위해 가장 먼저 한 일이 뭔지 알아?"

"글쎄? 열심히 공부하지 않았을까?"

"땡! 훌륭한 과학자들이 인체의 비밀이나 우주의 비밀을 풀기 위해 가장 먼저 한 일은 바로 '관찰' 이야."

"관찰?"

"그럼, 너에 대한 비밀을 풀기 위해 가장 먼저 할 일은 뭘까?"

"음……. 관찰?"

"그렇지. 자신에 대해 알기 위한 첫 걸음은 바로 자신을 관찰하는 거야."

"나를 관찰하라고?"

"응, 어머! 시간이 벌써 이렇게 됐네. 이모는 약속이 있어서 가 봐야겠다. 소심아. 다음에 이모가 올 때까지 너 자신에 대해 열심히 관찰해 보는 거야. 알았지? 이모 간다."

"이…… 이모. 그렇게 어려운 숙제를 남기고 가면 어떻게 해!!!"
이모는 나에 대해 관찰하라는 어려운 숙제만 남기고 휙 나가버렸지 뭐야.
"끝까지 도와주지도 않고! 배신자. 그나저나 나에 대해 관찰을 해 보라고? 어휴, 어떻게 하지?"
이모랑 얘기를 할 때 생겼던 자신감은 사라지고 걱정만 앞섰어. 한참을 걱정하다가 이렇게 걱정만 하고 있다가는 '자기 소개' 시간에 얼굴만 빨개진 채 후들거리는 다리로 간신히 이름만 말하고 들어와 놀림감이 될 것이 뻔하다는 생각이 들었어.
"그래! 해 보자! '나 관찰하기.' 생각해 보면 어려운 것도 아닌데 뭐. 거울만 있으면 되잖아. 열심히 준비해서 이번 자기 소개 시간에는 잘난이처럼 꼭 멋지게 발표해 보자. 소심한 왕소심! 이제는 소심함에서 벗어나자. 아자! 아자!"
나 자신에게 잘 할 수 있다는 최면을 걸고 나니 왠지 자신감이 생기는 것 같았어. 그리고 나를 관찰하기 위해서는 어떻게 해야 할지 차근차근 생각해 보기로 했지.
먼저 나는 겉으로 보이는 모습부터 관찰을 해 보기로 했어. 나의 생김새에 대해 관찰하는 거지. 다음은 내 마음 속을 관찰해 보는 거야. 물론 눈으로 보이지는 않지만 나는 어떤 생각을 하고 있고, 어떤 성격을 가지고 있는지 등 나에 대해 자세히 생각해 보기로 했어. 그리고 나의 인생을 관찰해 보기로 했어. 물론 인생이라고 하기에는 아직 짧지만 내가 살아온 길을 관찰해 본다면 나에 대해 더 잘 알 수 있을 거라는 생각이 들었지. 마지막으로 내 주변에 대해 관찰을 해 보려고 해. 나에 대해 잘 알기 위해서는 나를 둘러싸고 있는 환경에 대해서도 알아야 하니까. 이렇게 생각을 정리하고 나니 뿌듯함이 느껴졌어.
"자, 이제 본격적인 '왕소심' 관찰 시작!!!"

 **왕소심의 '나' 관찰하기 과정**

'나'의 생김새 관찰하기

우선 겉으로 보이는 나의 모습을 관찰해 보는 거야.
얼굴 표정, 특징, 닮은 꼴 등 내 모습을 진지하게 관찰해 보자.

'나'의 내면 관찰하기

이 단계에는 나의 속모습을 관찰하는 거야. 나의 성격, 장·단점, 그리고 취미, 특기 등을 통해 눈에 보이지 않는 '나'에 대해 알아보자.

'나'의 인생 관찰하기

다음은 나의 인생을 관찰해 보는 거야. 기뻤던 일, 슬펐던 일, 가장 보람 있었던 일 등을 떠올려 봐. 그리고 그런 일들을 겪을 때 나의 모습을 통해 나의 가치관을 확인해 보자.

'나'의 주변인물 관찰하기

주변인물을 보면 그 사람을 알 수 있다는 말이 있지?
나의 주변인물들의 모습을 통해 내 모습을 확인해 보자.

왕소심 관찰하기 시작!

(1) '나'의 생김새 관찰하기

　일단 거울을 보고 나를 관찰하기 시작했어. 그런데 막상 거울을 보니 한숨만 나왔어.
　'아휴! 난 예쁜 곳이 어떻게 하나도 없냐. 그나마 보조개 하나 봐 줄만 하네.'
　거울을 보며 나를 관찰하다가 문득, 어렸을 때 놀이공원에서 혼자 바이킹을 타겠다며 뛰어가다가 엄마를 잃어버렸던 사건이 생각났어. 그때 엄마는 방송으로 나를 찾았지. 놀이 공원에는
　'얼굴이 호빵 같이 둥그렇고 통통하며 보조개가 들어가는 노란 원피스를 입은 여자 아이를 찾습니다.'
라는 방송이 흘러나왔어. 나는 엄마를 잃어버린 것보다 호빵 같이 생겼다는 방송 때문에 너무 창피해서 엉엉 울었어. 더 슬픈 건 호빵 같다는 얘기에 사람들이 한 번에 나를 알아봤다는 거야. 옛 생각을 하고 있는데 갑자기 좋은 아이디어가 생각났어.
　"그래! 이렇게 해 보자. 나를 찾는 광고를 만들어 보는 거야. 그러면 내 생김새에 대해 자세히 이야기해야 하니까 그동안 몰랐던 나의 모습에 대해 알 수 있을지도 몰라."

왕소심을 찾습니다!!

　나이는 11살이고 키는 140센티미터에 조금 통통한 편입니다.
　얼굴은 동그란 호빵 같고, 눈은 작지만 웃을 때 귀여운 반달 모양이 됩니다.
　눈썹은 짙고 코는 오똑하고 긴 편입니다.
　입술은 선이 아주 분명해서 앵두 같다는 말을 자주 듣습니다.
　또 웃을 때 한쪽 볼에 보조개가 들어가는 것이 매력 포인트입니다.
　평소에는 반달 눈의 부드러운 인상이지만 화가 났을 때는 반달 눈이 사라지고 일자 눈썹이 되어 꼭 호랑이 같이 변합니다.

　　　　　　　　　　　　　　이런 여자 아이를 보신 분은
　　　　　　　　　　　　　　010-123-3456으로 연락바랍니다.

(2) '나'의 내면 관찰하기

　나를 찾는 광고를 만들다 보니 뭔가 부족한 느낌이 들었어. 외적인 모습만 가지고 나의 전부를 안다고 할 순 없으니까 말이야. 그래서 이제는 눈에 보이지 않는 '나'에 대해 관찰해 보기로 했어. 나를 나답게 하는 것에는 뭐가 있을까? 일단 나의 성격, 취미, 특기 등에 대해 자세히 생각해 보기로 했지. 남들에게 보이기 위한 관찰이 아니라 진지하고 솔직하게 나를 관찰해 보려고 해. 솔직함이 바로 나를 아는 첫 걸음이니까.

　먼저, 내 성격을 장점과 단점으로 나눠보기로 했어. 장점을 쓸 때는 구체적인 예를 생각해 보려고 해. 또 단점을 소개한 뒤에는 어떻게 고치고 싶은지, 어떤 노력을 할 것인지도 같이 써 볼 거야. 그리고 취미, 특기를 소개할 때는 취미와 특기를 갖게 된 이유, 또 취미와 특기가 나의 삶에 어떤 의미가 있는지 정리하려고 해. 이렇게 구체적으로 생각하다 보면 나의 속모습에 대해서도 잘 알 수 있겠지?

소심이의 내면 관찰하기!!!

① 성격을 소개할 때는 장점과 단점으로 나누어 쓸 것!

② 장점을 소개할 때는 구체적인 예를 들고, 단점을 소개할 때는 개선하기 위한 방법을 같이 쓸 것!

③ 취미와 특기를 소개할 때는 그런 취미, 특기를 갖게 된 이유를 쓸 것!

④ 취미와 특기가 나의 삶에 어떤 의미가 있는지 함께 이야기할 것!

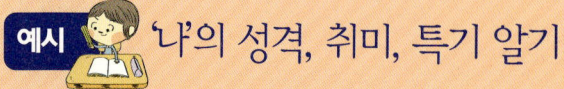
예시 '나'의 성격, 취미, 특기 알기

① 나의 성격 알기

단점 & 개선 방법

　나는 이름 그대로 '왕' 소심한 성격이야. 그래서 아주 작은 일에도 상처를 많이 받고, 새로운 사람을 만나거나 새로운 장소에 가는 것을 두려워하지. 그래서 새 학기가 되면 두려움에 잠을 설치기도 해. 앞으로는 소심함을 버리고 좀 더 당당하고 자신감 있는 왕소심이 되도록 노력할 거야. 올해 나의 목표는 수업 시간에 '10번 이상 발표하기'야. 그래서 발표를 잘하기 위해 철저히 예습을 하고 있지. 많은 친구들 앞에서 손을 들고 발표를 하다 보면 당당한 소심이가 되겠지?

장점 & 구체적 예

　나의 단점이 소심함이라고 했지? 하지만 소심함이 세심함으로 바뀔 때도 많아. 나와 친한 사람들에게는 소심함이 세심함으로 변해 아주 작은 부분까지도 잘 챙겨주는 편이야. 예를 들어 나와 친한 친구들, 그리고 가족들의 생일을 한 번도 잊은 적이 없고, 표정만 봐도 기분을 알아 위로와 격려를 잘 해주는 편이야. 그래서 나를 잘 아는 사람들은 다정다감하다고 무척 좋아하지. 이런 다정다감함이 나의 최고의 장점이라고 할 수 있어.

② 나의 취미 알기 - 글쓰기

취미를 갖게 된 이유는 뭘까?

나는 소심한 성격 덕에 말을 하는 것보다는 글이 훨씬 편해. 글로는 나의 생각을 잘 전달할 수 있거든. 그래서 언제부턴가 무슨 일이 있을 때 글을 쓰기 시작했어. 어떨 때는 시로 내 마음을 표현하기도 하고, 노래 가사로 내 마음을 표현하기도 했지. 그러다 보니 자연스럽게 글을 쓰는 취미를 갖게 되었어.

취미가 내 삶에 어떤 의미를 줄까?

틈틈이 글을 쓴 덕에 이미 나의 글로 채워진 노트가 5권이나 돼. 앞으로 이 글들을 잘 다듬어 볼 생각이야. 그래서 나중에 멋진 자서전을 써 볼 거야. 내 인생을 되돌아보는 자서전을 쓰는 일, 생각만으로도 가슴이 벅차올라. 멋진 자서전을 쓰기 위해 멋지게 살도록 노력해야겠지?

③ 나의 특기 알기 - 카드 만들기

특기를 갖게 된 이유는 뭘까?

나는 나와 친한 사람들에게 선물하는 것을 좋아해. 그냥 선물이 아닌 정성이 들어간 선물 말이야. 그래서 특별하거나 의미 있는 날에는 선물과 함께 꼭 내가 직접 만든 카드에 글을 써서 선물하지. 사람들이 감동을 하는 모습에 기쁨을 느끼게 되면서 카드 만들기는 내 특기가 되었지.

특기가 내 삶에 어떤 의미를 줄까?

카드를 손수 만들어 선물을 하면 사람들의 감동받은 눈빛을 볼 수 있어. 거기에서 나는 사람들이 크고 비싼 것보다는 이런 작은 정성을 바라고 있다는 것을 느꼈지. 그래서 앞으로 많은 사람들에게 감동을 주는 일을 하고 싶어. 사람들이 고마워하는 모습을 보면 내 기분이 더 좋아지거든.

(3) '나'의 인생 관찰하기

나의 속모습까지 관찰하고 나니, 나와 한층 가까워진 느낌이야. 지금까지는 나에 대해 이렇게 자세하게 생각하고 글을 써본 적이 없었거든. 그런데 알면 알수록 더 알고 싶은 게 사람 욕심이잖아. 나의 현재 모습에 대해 관찰을 하다 보니 과거의 '나'에 대해 알고 싶은 욕심이 생겼어. 그래서 내 인생에 영향을 끼친 3대 사건을 떠올려 그 사건을 소개하는 신문 기사를 만들어 보기로 했어.

소심이의 신문 기사 쓰기

신문 기사의 구성은 다음과 같아.

❶ **표제** : 전체 기사 내용을 요약한 큰 제목이야.

❷ **부제** : 큰 제목, 즉 표제를 보완해 간략하게 설명한 작은 제목이지.

❸ **전문** : 육하원칙에 따라 본문의 내용을 짧게 요약한 부분이야. 일반적으로 기사에서는 생략하기도 하지.

❹ **본문** : 기사 내용을 자세히 기록한 것을 본문이라고 해.

❺ **해설** : 독자들의 이해를 돕기 위해 덧붙인 설명이나 전문가의 견해, 사람들의 반응 등을 쓰는 부분인데 이 역시 생략 가능해.

예시 왕소심 인생의 3대 사건! 기사 만들기

1. 가장 기뻤던 일

왕소심 양, 백점 맞은 날!!!

2009년 4월 5일, 초등학교에 입학한 지 약 한 달 만에 왕소심 양이 받아쓰기에서 100점을 맞았습니다. 평소 왕소심 양은 다른 친구들에 비해 받아쓰기 점수가 형편 없었다고 합니다. 본인은 물론 부모님께서 실망하시는 모습을 본 소심 양은 100점을 받기 위해 열심히 노력했고, 그 노력의 결과로 드디어 그렇게 원하던 100점짜리 시험지를 부모님께 전달했습니다.

소심 양의 시험지를 전해 받은 부모님께서는 그동안 열심히 노력해 줘서 고맙고 대견하다며 눈물을 글썽이셨습니다. 소심 양은 그 이후로도 100점을 맞은 적은 많이 있지만 처음 100점을 맞은 그날을 잊지 못한다고 합니다. 그 일을 통해 노력을 하면 안 될 것이 없다는 노력의 중요성을 깨달아 지금도 어떤 일에든 최선을 다해 노력하는 학생이 되었습니다.

2. 가장 슬펐던 일

왕소심 양, 이별을 경험하다.

2010년 7월, 무더운 여름이었지만 왕소심 양은 어느 때보다 춥게 느껴졌다고 합니다. 그 이유는 바로 1학년 때부터 단짝이었던 친구가 전학을 갔기 때문입니다. 무슨 일을 하든 항상 같이 했던 친구의 빈자리가 너무 크게 느껴져 여름인데도 불구하고 춥게만 느껴

졌던 것입니다. 친구가 전학을 가고 나니 그동안 사소한 일로 다투었던 것, 욕심을 부렸던 것, 친구를 서운하게 했던 일 등이 떠오르며 마음이 아팠다고 합니다. 곁에 있을 때 좀 더 잘 해주지 못해 미안하고 후회가 밀려들었던 것입니다. 소심 양은 단짝 친구와의 이별

자기 소개하기 **23**

을 통해 누구에게든 함께 있는 지금 이 순간에 최선을 다해 잘 대해 주어야겠다고 다짐했습니다. 이 날 이후 소심 양은 주변 사람들의 소중함을 깨달았다고 합니다.

3. 가장 보람 있었던 일

왕소심 양, 나눔의 기쁨을 체험하다.

2011년 12월, 크리스마스 선물로 무엇을 받을지 기대하고 있던 겨울날 소심 양은 청천벽력 같은 소식을 들었습니다. 올해 크리스마스 선물은 어려운 이웃을 위해 기부하기로 하자는 부모님의 말씀에 소심 양은 크게 실망했습니다. 그런 소심 양의 기분을 아셨는지 부모님께서 함께 외출을 하자고 하셨습니다. 오랜만의 가족나들이에 들떴던 소심 양이 도착한 곳은 다름 아닌 고아원이었습니다.

고아원에서 자신의 또래 아이들이 어려운 환경에서 자라는 것을 보고 마음이 아팠습니다. 고아원 아이들에게 선물도 주고, 소심 양이 특기를 발휘해 카드도 만들어 주었더니 아이들의 얼굴에는 웃음꽃이 피었고, 덩달아 소심 양의 얼굴에도 웃음꽃이 피었습니다. 남을 위한 일이 이렇게 기쁠 수 있다는 사실을 안 소심 양은 앞으로 남을 위한 일을 하기로 결심했다고 합니다.

내 인생의 3대 사건을 바탕으로 기사를 쓰고 나니 나에 대해 좀더 잘 알게 되었어. 그럼 '3대 사건으로 본 왕소심'에 대해 정리해 보자.

예시 **3대 사건으로 본 왕소심!!!**

1. 가장 기뻤던 일, '왕소심 양, 백점 맞은 날!!!' 의 기사를 통해 알 수 있는 '나'

노력의 중요성을 깨닫고 어떤 일에든 최선을 다하는 학생이 된 것으로 보아 나는 성실한 학생이며, '노력'을 최대의 가치로 생각하는 학생이라는 것을 알았어.

2. 가장 슬펐던 일, '왕소심 양, 이별을 경험하다.' 라는 기사를 통해 알 수 있는 나

친구를 떠나보내고 마음 아파했던 경험을 통해 나는 사람을 소중하게 여기는 따뜻한 학생이라는 것을 알았어.

3. 가장 보람 있었던 일 '왕소심 양 나눔의 기쁨을 체험하다.' 라는 기사를 통해 알 수 있는 나

고아원에서의 체험을 통해 남을 위해 일하는 것을 기뻐하는 학생이라는 것을 알았지. 나는 다른 사람을 배려할 줄 아는 봉사정신이 강한 학생이야.

(4) '나'의 주변인물 관찰하기

유명한 철학자 아리스토텔레스는 '사람은 사회적 동물이다.'라는 말을 했어. 즉, 사람은 주변 사람들을 통해 성장하고 또 주변 사람들을 성장시키기도 한다는 말이 아닐까? 따라서 나를 제대로 알기 위해서는 나의 성장에 영향을 준 나의 주변인물에 대해 알아야 하지. 나의 주변인물들을 각 인물에게 어울리는 색깔에 비유해 소개하려고 해.

 예시 왕소심의 주변인물 관찰하기!

나의 친구 소개하기

나의 단짝 '정다운'	2학년 때 전학 간 내 단짝 친구 다운이는 노란색처럼 따뜻하고 포근한 친구야. 이름처럼 정다운 다운이는 항상 다른 사람을 먼저 생각해 주는 따뜻한 마음을 가졌지. 지금은 전학 가서 잘 못 보지만 그래도 여전히 나의 단짝이지. 나는 다운이를 통해 다른 사람을 배려하는 법을 배웠단다.
나의 라이벌 '나잘난'	잘난이를 잘 표현할 수 있는 색은 바로 '남색'이야. 항상 자신감이 넘치고 당당한 잘난이는 세련된 남색과 딱 어울리지. 잘난이는 나를 라이벌로 생각하지 않겠지만 난 항상 마음속으로 경쟁해왔지. 라이벌이긴 하지만 자신감이나 리더십 등 배울 점이 많은 소중한 친구야.
나의 첫사랑 '한인기'	인기는 사랑스러운 분홍색으로 표현하고 싶어. 여학생들에게 항상 다정다감하고 매너가 좋아 인기 만점이지. 3학년 때 짝이었던 인기는 소심한 나에게 먼저 다정하게 말을 걸어준 사랑스러운 친구야. 요즘 나는 인기에게 잘 보이고 싶은 마음에 무슨 일이든 열심히 하고 있어. 나를 노력하게 만드는 친구지.

나의 가족 소개하기

내 삶의 활력소 '아빠'

우리 아빠는 초록색처럼 생기 있고, 활기 넘치는 분이야. 회사 일에 지치실 텐데도 항상 밝고 유쾌한 모습을 보여주시지. 내가 우울해 할 때면 개그 프로그램에서 나오는 개그를 흉내 내며 날 웃게 하셔. 내 삶의 활력소이자 웃음 충전소가 바로 우리 아빠야.

사랑의 매 '엄마'

엄마는 빨간색처럼 열정이 넘치시는 분이야. 또 화가 나면 엄청 무섭게 돌변하셔서 빨간색과 잘 어울리지. 화를 내실 때면 무척 무섭긴 하지만 항상 나를 바른 길로 인도해 주시는 분이 바로 엄마야. 엄마는 사랑의 매로 나의 길을 인도해 주시는 훌륭한 선생님이기도 해.

나의 원수이자 보디가드 '왕대범'

내 동생 대범이는 무지개 빛깔이야. 항상 변화무쌍한 아이여서 한 가지 색으로 표현하기 어려워. 나와 남매라는 게 믿어지지 않을 만큼 다른 점이 많지. 대범이는 무슨 일이든 앞뒤 따지지 않고 도전하는 용기가 있어. 어떨 때는 무모해 보이지만 그런 용기가 부러울 때도 많아. 다른 점이 너무 많아서 항상 싸우기 일쑤지만 내가 힘들 때 가장 먼저 달려와 도와주는 나의 소중한 보디가드이기도 해.

나의 멘토 '조언해 이모'

언해 이모와 어울리는 색은 파란색이야. 이모는 넓은 바다와 같은 마음을 가졌기 때문이야. 이모를 생각하면 항상 바다가 떠올라. 내가 어떤 고민을 털어 놓아도 바다처럼 품어주지. 그리고 언제나 명쾌하게 해결 방법을 알려주는 푸른 하늘과 같은 사람이지. 이렇게 이모는 내 앞길을 환하게 열어 주는 훌륭한 멘토야.

2 명함 만들기

조언해 이모의 도움으로 자기 소개에 대한 자신감이 생겼어. 그런데 사람의 욕심은 끝이 없다고 이왕 하는 자기 소개이니 아이들의 기억에 확실하게 남을 인상 깊은 소개를 하고 싶다는 생각을 했어. 어떻게 하면 인상 깊은 소개를 할 수 있을까? 혼자서 고민할 게 아니라 이모에게 조언을 구하기 위해 전화를 걸었어.

'따르릉 ~ '

"여보세요? 이모."

"응, 소심이구나. 자기 소개 준비는 잘 하고 있어?"

"이모 덕분에 완벽하게 하고 있지. 하하하."

"뭐야, 정말 자신 있나 보네."

"그런데 이모, 나 좀 더 특별한 자기 소개를 해 보고 싶어. 아이들의 기억에 오래 남을 자기 소개를 해 보고 싶은데 무슨 방법 없을까?"

"글쎄, 보통 사람들이 자신을 나타내고 싶을 때 어떻게 하는지 생각해 보자."

"그럼 이모는 이모를 소개할 때 어떻게 하는데?"

"내가 소개할 일이 있어야지. 대부분 처음 만난 사람에게는 명함을 주면 되니까 특별히 소개할 필요가 없지. 아하! 소심아, 명함을 만들어 보는 건 어때?"

"명함? 그거 어른들이나 만드는 거 아니야?"

"꼭 어른들만 만들 이유는 없어. 명함 자체가 '나는 이런 사람이야.' 라고 간략하게 소개하는 거니까 자기 소개로 명함만큼 좋은 건 없지. 그래서 많은 사람들은 처음 만난 사람들에게 자기 자신을 소개하기 위해 '명함' 을 주고받아. 또 명함을 만들며 나를 표현하다 보면 자기 자신에 대한 자부심과 자아 존중감, 독립심까지 형성될 거야. 명함은 이름뿐 아니라 나에 대한 다양한 정보를 한눈에 알 수 있게 하는 자기 소개 방법 중 하나야. 어때? 명함을 만들어 친구들에게 나눠주면서 자기 소개를 해 보면 인상 깊은 자기 소개가 되지 않을까?"

"정말 좋은 아이디어인 것 같아. 그런데 명함을 어떻게 만들어야 하지?"

"요즘은 자기 PR시대라는 거 알고 있지? 소심이의 특징을 잘 나타낼 수 있는 개성 있는 명함을 만들어 보자. 너를 관찰하면서 알게 된 사실들 있지?"

"응, 내 외모부터 성격, 취미, 특기, 인생의 3대 사건, 그리고 주변 인물까지 다양한 각도로 나를 관찰했어."

"그 내용들 중 너를 가장 잘 드러낼 수 있는 내용을 선택해 봐. 그리고 작은 종이 한 장에 들어갈 수 있도록 효과적으로 표현할 수 있는 방법을 생각해 봐야겠지?"

"알았어. 막 좋은 아이디어가 떠오르려고 해. 친구들에게 '나' 를 효과적으로 알리면서 내 스스로 자부심을 드러낼 수 있는 멋진 명함을 만들 수 있을 것 같아. 이모 고마워."

역시 조언해 이모는 항상 좋은 해결책을 주는 척척박사야. 이모의 이야기대로 나를 잘 표현할 수 있는 멋진 명함을 만들어 친구들에게 나누어 줄 생각이야. 효과적으로 나를 소개하는 좋은 소품이 되겠지?

"소심이의 명함 만들기! 시작!"

소심이의 명함 만들기

1. 명함 만들기의 장점

① 나를 드러내는 명함을 만들어 보면 '나'에 대한 자부심을 느낄 수 있어.

② 명함에 나를 표현하며 자아 존중감과 하나의 인격체로 독립성을 느낄 수 있지.

③ 나에 대한 다양한 정보를 한눈에 보여줄 수 있어.

2. 명함 만들기의 유의점

① 나를 소개하는 내용 중 가장 효과적으로 나를 드러낼 수 있는 내용을 선택해야 해.

② 너무 많은 내용은 피하는 게 좋아. 너무 많은 내용은 오히려 혼란을 줄 수 있거든.

③ 기억에 오래 남을 수 있는 개성 있는 표현 방법을 생각해 봐. 예를 들면 비유나 인용 등이 있겠지? 이런 방법을 쓰면 더 인상 깊은 명함이 될 거야.

 왕소심의 '명함' 만들기 과정

앞에서 관찰한 '나'에 대해 정리하기!

나의 생김새, 성격, 취미, 특기, 내 인생의 3대 사건, 주변 인물 등 관찰한 내용을 간략하게 정리해 보자. 그리고 자신을 효과적으로 드러낼 수 있는 내용을 선택하자.

정리한 내용 중 명함에 꼭 들어가야 할 내용 고르기!

공간이 제한되어 있으니 비슷한 것은 묶고, 여러 가지 내용을 함축적으로 줄여서 표현해 보자. 이때 개성 있는 표현 방법을 생각해 자신만의 독창적인 명함을 만들어 보자.

앞면에 넣을 내용과 뒷면에 넣을 내용을 분류하기!

- 앞면 : 자신을 나타낼 수 있는 개성 있는 표현을 써 보자.
- 뒷면 : 구체적으로 자신을 소개하는 내용을 써 보자.

자신의 장점을 중심으로 나를 드러내자.

나만의 명함 디자인하기!

- 특히 강조하고 싶은 부분을 선정해 보자.
- 자신의 특징을 잘 드러낼 수 있는 디자인을 해 보자.

 왕소심 명함 만들기 시작!

(1) '나'에 대해 정리하기

  명함을 만들기 위해서는 나에 대해 정리해 보는 것이 필요하겠지? 다행히 나에 대해 열심히 관찰했으니 나에 대해 정리하는 것은 식은 죽 먹기지.

〈생김새〉

  나는 동그란 호빵 같은 얼굴에 귀여운 반달눈을 가진 4학년 소녀야. 짙은 눈썹에 오똑한 코, 앵두 같은 입술에 보조개까지 있어. 예쁘진 않지만 동글동글하고 귀여운 소녀이지.

〈내면 모습〉

  나는 이름대로 '왕' 소심한 성격이어서 작은 일에도 상처를 받고, 자신감이 없지만 이번 기회에 자신감을 가져보려고 해. 그런데 소심한 것이 때로는 장점이 될 때도 있어. 나와 친한 사람들에게는 소심함이 세심함으로 변해 아주 작은 부분까지도 잘 챙겨 주는 편이지. 그래서 나를 잘 아는 사람들은 다정다감하다고 무척 좋아해.

〈취미, 특기〉

　글쓰기가 취미인 나는 틈틈이 글을 써. 벌써 나의 글로 채워진 노트가 5권이나 되지. 이 글로 나중에 멋진 자서전을 쓰고, 사람들에게 감동을 주는 글을 쓰는 것이 내 꿈이야. 또 나는 카드 만들기를 잘해. 사람들이 내가 만든 카드를 보고 어디서 샀냐고 물어보기도 해. 예쁜 카드를 만들어 소외받는 사람들에게 멋진 글을 선물하면 내 기분까지 좋아지지. 나는 이렇게 다른 사람들에게 기쁨을 주는 일을 하고 싶어. 다른 사람들에게 기쁨을 주는 일이 바로 나를 기쁘게 하는 일이라는 것을 깨달았거든.

(2) 명함에 들어갈 내용 선정하기

명함에 꼭 넣고 싶은 내용

1. 알고 보면 다정다감한 성격이라는 점
2. 글쓰기를 잘 한다는 점
3. 예쁜 카드를 잘 만든다는 점
4. 다른 사람을 기쁘게 하는 일을 할 것이라는 점

(3) 앞면에 들어갈 내용과 뒷면에 들어갈 내용 분류하기

앞면에 들어갈 내용
- 다정다감한 면을 강조한다.
- 이웃을 생각하는 따뜻한 마음을 강조한다.
- 이름으로 삼행시를 지어 인상적인 소개를 한다.

뒷면에 들어갈 내용
- 구체적으로 나의 장점을 소개한다.
- 글을 잘 쓴다는 점, 카드를 잘 만든다는 점, 다른 사람을 배려한다는 점을 재미있게 소개한다.

(4) 명함 디자인하기
- 글을 잘 쓴다는 점을 강조하기 위해 책 모양이나 공책 모양의 카드를 만든다.
- 다른 사람을 배려하는 따뜻한 마음을 강조하기 위해 이름을 쓸 때 하트 모양을 넣는다.

(5) 나만의 명함 만들기

앞면

추운 겨울 **따끈한 호빵** 같이 푸근한
소녀

왕 : 왕비처럼 도도해 보이지만
소 : 소보로 빵처럼 따뜻하고 편안하며
심 : 심심풀이 땅콩처럼 친근한 '왕소심' 입니다.

뒷면

왕소심을 소개합니다.

♥ 손수 만든 카드로 외로운 이웃에게 사랑을 전하는 **사랑**의 **왕**

♥ 어떤 일이든 멋진 글로 표현하는 **글쓰기**의 **왕**

♥ 세심한 배려로 주위를 따뜻하게 하는 **다정**의 **왕**

3 자기 소개하기

　나를 표현할 명함을 다 만들고 나니 때마침 조언해 이모가 놀러왔지 뭐야.
　"이모, 마침 잘 왔어. 나 명함 다 만들었어. 어때?"
　"이야, 생각보다 더 잘 만들었는데? 역시 소심이 실력 알아 줘야 해."
　"헤헤, 그렇게 칭찬해 주니 부끄럽네. '나'에 대해 관찰도 하고, 친구들에게 나누어 줄 멋진 명함도 만들었으니 인상적인 자기 소개 준비를 완벽하게 했다고 볼 수 있겠지?"
　"글쎄, 완벽하다고 볼 수 있을까?"
　"그럼 또 다른 준비가 필요해? 자기 소개하기 진짜 힘들다."
　"그럼 자기 자신에 대해 인상적으로 소개하는 게 쉬울 것 같아? 많은 사람들은 첫 인상으로 많은 부분을 평가해. 따라서 처음 만난 사람들 앞에서 자신을 인상 깊게 소개하는 것은 매우 중요하지. 남들과 똑같은 자기 소개는 강한 인상을 줄 수가 없겠지?"
　"맞아, 어떻게 하면 인상적으로 소개할 수 있을까?"
　"그럼 개성 있는 표현으로 자신을 소개하는 방법을 생각해 볼까? 일반적인 자기 소개하기는 특정한 양식이 없으니까 자신의 특징을 잘 드러낼 수 있는 개성 있는 방법을 찾는 것이 좋아."

'개성 있는 방법?' 아무리 생각해 봐도 좋은 아이디어가 떠오르지 않았어. 인상적이면서도 개성 있고, 재미있게 나를 소개하는 방법, 과연 뭐가 있을까? 골똘히 생각하던 나는 결국 잠자코 기다려 주던 이모에게 도움을 청했어.

"너무 어려워 이모. 힌트를 좀 주면 안 될까?"

"호빵 같은 내 조카 소심아, 도무지 생각이 안 나니?"

"이모! 도와주기 싫으면 싫다고 하지. 내가 제일 싫어하는 별명을 들먹이고 그래!"

물론 내가 호빵처럼 생기긴 했지만 막상 호빵 같다는 얘기를 들으면 기분이 좋진 않아.

"어, 난 힌트 달라기에 힌트 준 건데 이러기야?"

"뭐? 힌트였다고?"

"응, 물론 소심이 네가 싫어하는 별명이긴 하지만 '호빵'이라는 별명으로 소개하면 사람들의 기억에 오래 남는 자기 소개를 할 수 있지 않을까? 또 '비유적 방법'으로 자기를 소개하는 방법과 '인용의 방법'으로 자신을 소개하는 방법도 효과적으로 너를 소개하는 방법 중 하나지."

"비유와 인용?"

"응, 비유적 방법으로 자신을 소개하려면 먼저 너의 특징을 무엇에 빗대어 표현할 수 있을지 생각해 봐. 너의 특징을 잘 나타낼 수 있는 것을 선택한다면 인상적이고 개성 넘치는 자기 소개를 할 수 있을 거야. 예를 들면 '호빵' 같은 것 말이야. 하하하. 그리고 인용의 방법은 너를 잘 나타낼 수 있는 명언이나 속담 등을 활용해 소개하는 거야. 이때 명언이나 속담이 자기 자신의 특징과 자연스럽게 연결되도록 소개를 하면 좋겠지? 꼭 명언이나 속담이 아니

더라도 너의 좌우명이 있다면 그것을 활용해도 개성 있는 자기 소개가 될 수 있어."

"아하, 고마워 이모. 이모 덕분에 개성 있고, 인상적인 자기 소개를 할 수 있을 것 같아. 멋진 자기 소개로 왕소심을 확실히 알릴게."

소심이의 인상 깊게 자기 소개하기

❶ **비유적 표현을 활용한다.** | 비유적 표현은 남들과 다른 나만의 개성을 나타내는 표현으로 깊은 인상을 줄 수 있어. 단, 너무 많은 표현 방법은 오히려 방해될 수도 있어. 따라서 자신을 드러낼 수 있는 효과적인 방법을 선택하는 것이 좋아.

❷ **인용의 방법으로 소개하기** | 아이들에게 익숙한 속담이나 명언, 사자성어 등을 인용하면 오랫동안 기억에 남는 자기 소개를 할 수 있어.

❸ **사진이나 그림 등 보조 자료 활용해 소개하기** | 소개 내용에 맞는 사진이나 그림 등 보조 자료는 아이들의 관심을 끌어 효과적인 자기 소개를 할 수 있도록 해 주지. 단, 유의할 점이 있어.

* 보조 자료 활용시 유의점

① 말하는 내용과 관련 있는 것!

② 자료의 크기 등이 말하는 장소와 청중의 규모와 어울리는 것!

③ 말하는 분량에 맞는 것!

❹ **목소리에 변화를 주거나 동작을 활용해 소개하기** | 자기 소개의 내용도 중요하지만 발표하는 과정도 매우 중요해. 중요한 내용은 강하게 읽거나 천천히 읽고, 강조하고 싶은 부분에 동작을 활용하면 인상 깊은 자기 소개를 할 수 있어.

 왕소심의 '자기 소개' 과정

'나' 관찰하기
① '나'에 대한 관찰을 통해 친구들에게 알리고 싶은 내용과 나의 특성을 잘 나타낼 수 있는 내용을 선정한다.
② 소개할 내용의 순서를 정한다.
- 관련 있는 내용을 하나로 묶는다.
- 특별한 구성 방법이 필요 없을 경우 '처음-중간-끝'으로 내용을 조직한다.

인상적인 표현 방법 생각하기
① 나를 인상적으로 표현할 수 있는 방법을 생각한다.
② 듣는 이의 관심을 끌 수 있는 표현 방법을 생각한다.
③ (예) • 이름과 관련지어 특징 소개하기 / 별명 활용하기
- 비유나 인용의 방법으로 소개하기 / 기억에 남는 일화 소개하기
- 그림, 사진, 명함 등 보조 자료 활용하기

원고 작성하기
① 준비한 내용을 바탕으로 자기 소개 원고를 작성한다.
② 장점이나 특징을 비유나 인용의 방법으로 소개해 호감을 갖게 한다.
③ 그림이나 사진 등 보조 자료를 활용한다.

고쳐 쓰기 & 소개하기
① 원고를 다시 한 번 읽어보며 부족한 내용을 보충하고 반복되는 내용을 생략한다.
② 여러 번 읽어보면서 원고의 내용을 익힌다.
③ 발표할 때는 목소리의 크기, 말하기의 속도, 태도 등에 유의하고, 적절한 동작을 활용해 깊은 인상을 남기도록 한다.

 **왕소심**의 '자기 소개' 원고 쓰기

(1) 비유로 자기 소개하기

비유할 대상	이유	공통점
무지개	무지개처럼 다양한 색깔과 모습을 지녔다는 점을 강조하고 싶기 때문이야.	■ 다양한 색을 지녔다. ■ 비 온 뒤의 하늘을 좋아한다.
달	해에 가려 항상 수줍은 듯 보이지만 깜깜한 밤이 되면 환하게 비춰주는 달의 모습이 나와 비슷하기 때문이야.	■ 수줍음이 많다. ■ 다른 사람들에게 환한 빛이 되어 준다. ■ 여러 가지 모습을 가졌다.
호빵	호빵처럼 둥글둥글 토실토실한 내 얼굴, 그리고 호빵 속의 팥과 같은 따뜻한 마음까지 나와 호빵은 닮은 점이 많기 때문이야.	■ 동그랗다. ■ 겨울을 좋아한다. ■ 속이 아주 따뜻하다.

40

예시 1

🌸 '무지개'에 비유하기 🌸

　안녕하세요? 앞으로 여러분과 한 교실에서 지낼 왕소심입니다. 여러분은 '무지개' 하면 무엇이 떠오르시나요? 저는 '다양함'이 떠오릅니다. 여러 가지 색을 가지고 있는 무지개처럼 저 역시 다양한 색을 가지고 있답니다.

　제가 가지고 있는 색은 우선 초록색입니다. 저는 신선하고 생기 있는 초록색처럼 통통 튀는 창의력을 지닌 아이디어 뱅크입니다. 제 특기는 멋진 카드 만들기인데 제 카드는 기존의 카드와는 달리 새롭고 신선한 디자인으로 많은 칭찬을 받습니다. 이런 모습은 초록색과 닮은꼴이라고 볼 수 있습니다.

　또 저는 주황색의 모습도 가지고 있습니다. 주황색은 사람들에게 따뜻한 인상을 줍니다. 저 또한 주황색처럼 따뜻한 마음을 가지고 있습니다. 외롭고 소외된 이웃을 찾아가 기쁘게 해 주는 것이 제 희망이기도 합니다. 그뿐만 아니라 주변 사람들에게는 늘 다정다감하게 대해 따뜻한 마음을 가진 사람이라는 평을 받고 있답니다.

　마지막으로 저를 표현할 색은 노란색입니다. 수줍은 소녀 같은 노란색처럼 저는 수줍음이 많습니다. 그래서 처음 만난 사람들과 친해지기 쉽지 않죠. 하지만 올해는 많은 친구들과 친해지기 위해 적극적으로 다가가는 열정적인 모습을 보이려고 합니다. 수줍은 노란색이 열정적인 빨간색이 되어가는 과정을 기대해 주세요.

예시 2

❀ '달'에 비유하기 ❀

　안녕하세요. 왕소심입니다. 저는 저를 '달'과 같은 소녀라고 소개하고 싶습니다. 저는 낮 동안 해 뒤에 꽁꽁 숨어 있는 달처럼 부끄러움도 많고, 수줍음도 많습니다. 하지만 낮 동안 꽁꽁 숨어 있는 달이 깜깜한 밤이 되면 얼굴을 드러내 어두움을 무서워하는 사람들을 위해 환한 빛을 비추는 것처럼 따뜻한 마음을 가진 소녀입니다. 많은 사람들이 처음에는 소극적인 제 모습 때문에 어려워하지만 친해지면 저의 따뜻함에 매력을 느낀다고 합니다. 이런 달과 같이 어두운 곳에 있는 사람들에게 환한 빛을 주는 사람이 되는 것이 제 꿈이기도 합니다.

　저와 달의 닮은 점이 또 하나 있습니다. 달은 초승달, 반달, 보름달 등 여러 가지 모습으로 변합니다. 저도 처음에는 수줍음이 많고, 소심해서 뒤에 숨어 있지만 속에는 달처럼 많은 모습을 가지고 있습니다. 소극적인 제 성격과 어울리는 글쓰기, 카드 만들기 등을 좋아하기도 하지만 큰 소리로 노래하고 춤추는 것을 좋아하기도 하고 축구, 수영 등 활동적인 운동을 좋아하기도 합니다.

　앞으로 여러분과 더욱 가까워져서 다양한 저의 모습을 마음껏 보여드리고 싶습니다. 또한 어두움을 비추는 달처럼 우리 반을 환하게 비추는 멋진 친구가 되겠습니다.

예시 3

❀ '호빵'에 비유하기 ❀
- 별명 활용하기 -

　누구에게나 별명이 하나쯤은 있을 것입니다. 저에게도 저와 어울리는 별명이 있습니다. 바로 '호빵'입니다. 제 빵빵한 얼굴을 보면 딱 '호빵'이 떠오르지 않습니까? 이렇게 동그란 얼굴 덕분에 어렸을 때부터 쭉 '호빵'이라는 별명을 가지게 되었습니다. 처음에는 호빵이라는 별명이 싫었지만 동그란 제 얼굴과 딱 어울리는 별명이라고 생각합니다.

　호빵과 저는 동그란 모양만 닮은 것이 아닙니다. 호빵은 겉은 흰 눈처럼 차가워 보이지만 속은 뜨거운 팥으로 가득 차 한겨울에 사람들의 속을 따뜻하게 해 줍니다. 저도 처음 만난 사람들에게는 소심하고 소극적인 모습 때문에 차가워 보인다는 말을 많이 듣습니다. 하지만 저와 친해진 사람들은 알고 보면 따뜻하고 다정다감하다는 말을 많이 합니다. 저는 앞으로 이런 따뜻함을 많은 사람들에게 베푸는 사람이 되고 싶습니다. 많은 사람들의 마음을 따뜻하게 해 주는 글도 쓰고, 직접 찾아가 봉사도 하는 것이 제 꿈입니다.

　앞으로 여러분에게 제 따뜻함을 나눠 드리며 사이좋게 지내고 싶습니다. 글을 쓰는 것, 카드 만드는 것을 좋아하니 여러분에게 종종 손수 만든 멋진 카드를 배달해 드리겠습니다. 소극적이고 차가워 보이는 겉모습 때문에 어려워하지 마시고, 호빵 같이 따뜻한 제 마음을 봐 주시길 바랍니다.

왕소심의 '자기 소개' 원고 쓰기

(2) 인용으로 자기 소개하기

비유할 대상	이유	공통점
속담	작은 고추가 맵다.	키도 또래보다 작고 소극적이어서 더욱 작아 보이지만 알고 보면 재주도 많고, 마음도 따뜻한 매운 고추이기 때문이야.
영어 속담	**Don't judge a book by it's cover!**	**Don't judge a book by it's cover!**는 겉표지만 보고 책을 판단하지 말자는 속담이야. 나와 딱 어울리는 속담이지. 내 수줍은 겉모습만 보고 아이들이 나를 판단하지 않았으면 좋겠어.
명언	꿈은 땀으로 길러지는 나무이다.	내가 가장 좋아하는 명언이야. 노력은 누구나 할 수 있는 거잖아. 땀을 흘리면 반드시 꿈이라는 나무를 기를 수 있을 거라는 희망을 주는 말이어서 아이들에게 소개하고 싶어.

예시 1

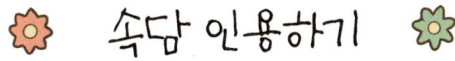
속담 인용하기

'작은 고추가 맵다!'

누구나 알고 있는 유명한 속담이죠? 저는 저를 속담 속 작은 고추로 소개하고 싶습니다. 저는 보이는 대로 키도 작고 덩치도 작습니다. 하지만 작은 고추가 더 매운 것처럼 제 속은 다양함으로 꽉 차 있습니다.

저는 처음에는 매우 소심하고 소극적이어서 많은 친구들이 다가가기 어렵다는 말을 합니다. 하지만 조금만 친해지면 누구보다도 적극적이고, 활발하며 유쾌한 아이가 됩니다.

또 겉보기에는 작고 힘이 없어 보이지만 마음만큼은 누구보다도 넓고 따뜻합니다. 저는 시간이 날 때마다 외로운 노인 분들이나 아이들을 찾아가 자원 봉사를 합니다. 물론 아직 할 수 있는 일은 많지 않지만 외로운 이웃에게 웃음을 주는 따뜻하고 넓은 마음을 가진 소녀입니다.

마지막으로 저는 글을 쓰는 것을 좋아하고, 제 글을 담을 수 있는 예쁜 카드를 직접 만드는 것이 특기입니다. 손수 만든 예쁜 카드에 멋진 글을 적어서 선물을 하면 선물을 받은 사람들이 예쁜 카드에 한 번, 멋진 글에 또 한 번 놀라곤 합니다. 앞으로 여러분에게도 솜씨를 발휘해 멋진 선물을 하고 싶습니다.

이렇게 다양한 모습을 가진 작은 고추! 앞으로 여러분에게 저의 다양한 매운 맛을 보여드리고 싶습니다.

🌸 영어 속담 인용하기 🌸

안녕하세요? 왕소심입니다.

여러분, '**Don't judge a book by it's cover.**'라는 속담을 알고 있나요? 이 속담은 책의 표지만 보고 판단하지 말자는 속담입니다. 오늘 여러분에게 저를 소개하면서 제가 꼭 드리고 싶은 말이 이 속담 속에 있습니다. 저는 이름처럼 소심하고 수줍음도 많습니다. 하지만 이런 겉모습만으로 저를 판단하는 사람들이 많아 매우 속상합니다.

비록 처음에는 조금 소극적이고 수줍음도 많지만 알고 보면 제 속에는 다양한 모습이 숨어 있습니다. 수줍음 많은 겉모습과는 달리 격렬한 운동도 좋아하고, 노래와 춤도 즐길 줄 아는 활발한 모습도 숨어 있습니다. 또 이웃들에게도 관심이 많아 봉사활동도 열심히 하는 적극적인 모습도 있고, 누구보다도 따뜻한 마음을 지니고 있습니다.

'**Don't judge a book by it's cover!**'

위의 속담처럼 제 겉모습만으로 저를 판단하지 마시고, 제가 조금 수줍어하더라도 친근하게 대해 주시길 바랍니다. 그러면 다양한 저의 모습을 보여드리겠습니다. 앞으로 제 속모습까지 함께 알아가는 좋은 친구 사이가 되고 싶습니다.

예시 3

🌸 명언 인용하기 🌸

　안녕하세요? 꿈 많은 소녀 '왕소심'입니다. 저를 처음 보는 친구들은 소극적이고, 소심한 모습 때문에 다가가기 힘든 아이라는 말을 많이 합니다. 물론 소심하고 소극적인 면이 많이 있긴 하지만 함께 어울려 지내다 보면 어느새 누구보다도 활기 넘치고 유쾌한 아이가 됩니다. 또 주위 사람들에게 기쁨을 주는 것을 좋아해 개그 프로그램을 보고, 다양한 개인기를 연습하기도 합니다. 이렇게 연습한 개인기는 우리 주변에 외롭게 사는 이웃들에게 찾아가 보여줍니다. 어려운 환경에 있는 사람들에게 작은 기쁨이라도 되어 주고 싶기 때문입니다. 제 꿈은 이렇게 많은 사람들에게 기쁨을 주는 일을 하는 것입니다. 특히 감동적이고 재미있는 글로 많은 사람들에게 기쁨을 주고 싶습니다. 글을 쓰는 것은 제 취미이자 특기입니다. 평소에도 글을 자주 쓰고, 또 그런 실력을 발휘해 많은 글쓰기 상을 수상하기도 했습니다. 제 최종 목표는 감동적인 글로 노벨 문학상을 수상하는 것입니다. '꿈은 땀으로 길러지는 나무이다.'라는 명언이 있습니다. 비록 지금은 불가능해 보이는 꿈이지만 땀 흘려 노력하면 반드시 꿈의 나무를 키울 수 있을 거라고 생각합니다.
　꿈을 향해 노력하는 끈기, 그리고 주위 사람들을 기쁘게 해주는 유쾌함, 또 많은 사람들에게 사랑을 베푸는 따뜻함을 모두 갖춘 '왕소심' 잘 부탁드립니다.

(3) 진학을 위한 자기 소개서 쓰기

출처 : 자기 소개서, 진로설계서로 미래를 품나게 디자인하라.
김세정, 서유리 / 아주큰선물

　소심이와 함께 다양한 방법으로 자기 소개하는 방법에 대해 살펴보았지? 생활 속에서 자기를 소개할 일은 무척 많단다. 그리고 그만큼 자기 자신을 소개하는 일은 중요하지.

　소심이와 함께 친교를 위한 가벼운 자기 소개하기에 대해 알아봤으니 이제 진학을 위한 자기 소개하기에 대해 알아볼까? 기본적으로 자기 소개하기를 할 때 자기 자신에 대해 잘 알기 위해 스스로를 돌아보고 관찰하는 과정은 꼭 필요해. 진학을 위한 자기 소개하기를 할 때도 마찬가지야. 자신에 대한 충분한 생각이 바탕이 되어야 하지.

　그 다음 학교에서 신입생을 뽑을 때 자기 소개서를 요구하는 이유를 생각해 봐야겠지? 자기 소개서를 보면 태어나서 지금까지 학생의 생활과 사고, 인격적인 측면 등 모든 면에서 학교에서 공부할 충분한 자격이 있는지 알 수 있기 때문에 자기 소개서를 요구하지. 따라서 진학을 위한 자기 소개서를 쓸 때는 지망하는 학교의 특성을 파악하는 것이 중요해. 그리고 그 학교에서 다루는 학습 내용이 내가 진지하게 공부하고 싶었던 학문 분야이며 실질적으로 그를 위해 어떤 준비를 해왔는지를 제시하여 평가자들을 설득해야 해.

　좋은 자기 소개서는 어떤 글일까? 진학을 위한 자기 소개서 쓰기 9계명을 통해 좋은 자기 소개서의 요건에 대해 알아보자.

진학을 위한 자기 소개서 쓰기 9계명

1계명 : 학교별 특성을 파악해 지원동기와 연계하라!

　학교에 입학하려는 목적, 즉 지원동기를 분명히 밝히는 것이 좋아. 지원동기를 밝힐 때는 구체적인 학교 프로그램이나 활동과 연계해서 써야겠지?
　학교별로 홈페이지를 통해 다양한 정보를 제공하고 있으니 이를 잘 활용하렴.

2계명 : 일관성·연관성·지속성·맥락성을 갖춰라!

　학습계획서(지원 동기, 자기주도적 학습 및 진로 계획, 독서 이력, 봉사 및 체험활동)는 일관성·연관성·지속성·맥락성이 가장 중요해. 잘 보이기 위해 각종 내용들을 두서없이 쓰기보다는 본인의 꿈이 무엇이고, 이러한 꿈을 이루기 위해 연관된 활동들을 일관성 있게 쓰는 것이 중요하지.

3계명 : 나를 드러내라!

　자기 소개서를 잘 쓰기 위해서는 자기의 장단점을 솔직하게 쓰면서도 상대방에게 호감을 줄 수 있어야 해. 자기 소개서를 쓰다보면 감정적으로 자기가 과장되기 쉬워. 이런 감정을 잘 절제하면서 자신의 정체성이 드러난 자기 소개서를 쓰도록 노력해야 해.

4계명 : 객관성을 유지하라!

　자기 소개서는 자기를 소개하는 글이지만 주관적 성격의 글이 아니야. 자기 주관에 휩싸여 서술하는 것은 설득력을 지니기 어렵기 때문이야. 비록 자기 이야기라도 솔직하고 객관적으로 서술해야 해. 참, 과장된 내용이나 허위 사실을 기재하여서는 안 된다는 것도 알고 있지? 자기 자신에 대해 최대한 솔직하면서도 객관적으로 꾸밈없이 쓰는 것이 좋아.

5계명 : 군더더기가 없는 간단, 명료한 표현을 써라!

　자기 소개서의 문장은 단순 명료해야 해. 문장이 비문법적이거나 너무 길면 전달하려는 의사를 제대로 표현할 수 없게 되거든. 군더더기가 많은 문장, 진부하고 구태의연한 문장, 화려한 표현법 등도 마찬가지야. 문장이 단순하고 표현이 명료하여 군더더기가 느껴지지 않을 때 진실한 마음이 잘 우러나는 설득력이 높은 글이 될 수 있어.

6계명 : 구체적으로 소개하라!

　자기 소개서에서 자신의 모습은 구체적인 근거를 바탕으로 자세하게 서술하는 것이 좋아. 즉, 어떤 경험이나 환경이 오늘의 나를 만들어 냈는지 구체적으로 기술하라는 뜻이지. 자신의 경험이나 깨달음, 독서를 통해 알게 된 점을 적을 때도 마찬가지로 구체적 경험을 토대로 쓰는 것이 좋아.

7계명 : 개성있는 자기 소개서를 써라!

　자기 소개서를 쓰다보면 자칫 천편일률적인 내용이 되기 일쑤야. 특징이 없는 자기 소개서는 읽는 사람이 지루해지기 마련이지. 수많은 응시자의 자기 소개서 중에서 눈에 띄기 위해서는 독특한 개성이 있어야 해.

8계명 : 초고를 작성하라!

　자기 소개서를 쓸 때 한 번에 작성하지 말고, 초고를 작성한 뒤 여러 번에 걸쳐 수정 보완을 하는 것이 좋아. 자기 소개서의 경우 여러 학교에 제출하기 때문에 원본을 두고, 각 학교별 특성에 따라 수정을 해 제출하면 되겠지?

9계명 : 자기 소개서의 내용을 숙지하라!

　면접자는 자기 소개서를 읽다가 시선을 끌거나 중요한 부분에 대해서는 표시를 해 두기도 하는데, 이는 면접 전형에서 자기 소개서가 질문의 기초 자료로 활용되기 때문이야. 면접을 할 때 답변이 자기 소개서와 다르다면 지원자의 신뢰성에 큰 타격을 주게 되겠지? 따라서 자기 소개서를 포함하여 진학할 학교에 제출한 모든 자료는 반드시 복사본을 따로 보관하고 면접하기 전에 충분히 숙지할 필요가 있어. 특히 자기 소개서에서 애매하게 표현되었거나 약점이라고 생각하는 부분에 대해서는 반드시 미리 답변을 준비하는 것이 좋아.

진학을 위한 자기 소개서 쓰기 Tip

지원동기 쓰기

1 | 지원하려는 학교 홈페이지를 통해 다양한 정보를 수집해 학교의 특성을 파악한다.

2 | 수집한 정보를 토대로 구체적인 학교 프로그램이나 활동과 연계해서 지원동기를 밝힌다.

3 | 학교 프로그램에 대한 이해, 진로와의 연관성, 진로활동을 위한 자신의 구체적인 노력이 드러나는 지원동기를 쓴다.

4 | 자신의 꿈과 지원하고자 하는 학교와의 연결성이 드러나게 쓴다.

자기주도적 학습과정 및 진로계획 쓰기

1 | 평소 자기만의 공부 방법과 그에 따른 학습효과를 소개하되 자신만의 독특한 방법과 발전과정을 구체적으로 서술한다. 즉, 구체적인 공부방법과 실천방법, 발전과정을 자세히 보여 준다.

2 | 수상경력보다는 구체적 경험과 노력의 과정을 드러내야 한다.

3 | 지원동기와 학습계획, 학습과정, 학습과정에서 느낀 점, 입학 후 학습계획, 졸업 후 진로 계획 등을 유기적으로 연결시킨다.

독서이력 정리하기

1 | 많은 학생이 선택한 책은 되도록 피하고 자신이 읽은 책 중에서 진로 연관성과 지적 수준을 드러내 줄 수 있는 책을 선택한다.

2 | 일반적인 서평 수준의 감상을 넘어 독서 이후 구체적인 가치의 변화나 행동의 변화, 그리고 내면화의 과정을 나타낸다.

3 | 독서를 통한 가치의 변화와 내면화 과정에서 진정성을 드러낸다.
→ 양보다 질! 즉, 단순히 독서량을 드러내기보단 '내가 관심 있는 분야와 부합되는 독서활동을 했는지' '독서활동으로 나의 가치관이나 행동 등이 어떻게 달라졌는지'를 서술하는 것이 필요하다.

봉사·체험활동 소개하기

1 | 보편적으로 많이 선택하는 봉사·체험 활동(장애인 도우미, 도서관 보조, 노인종합복지관 활동, 영어캠프와 세미나, 동아리 활동)은 피하고, 차별화되는 활동(예 : 문화원 도우미, 번역봉사, 또래나 후배의 멘토, 에코 음식 만들기, 사물놀이 공연 등)을 선택한다.

2 | 봉사·체험활동으로 의미 있는 소재를 선택한다. 내적 변화를 경험한 활동이 좋다.

3 | 장래 진로계획과 연관성이 있는 분야의 봉사·체험활동을 선택한다.

4 | 봉사활동에서 중요한 점은 지속성과 유의미성이다. 지속적으로 해 온 봉사활동이 좋다.

5 | 봉사·체험활동을 통해 느낀 감정과 행동의 변화과정을 드러낸다.

리더 되기 2단계

회장 선거 연설하기

친구들의 마음을 훔쳐라!

1 아이디어 생성하기

 오늘은 드디어 그동안 열심히 준비했던 것을 바탕으로 친구들에게 자기 소개를 한 날이야. 열심히 준비한 보람이 있게 나 '왕소심'의 자기 소개는 인기 만점이었어. 이게 다 조언해 이모 덕분이지 뭐야. 나는 이모가 우리 집에 놀러왔다는 소식을 듣자마자 집으로 달려왔어.

"이모!"

"소심이 왔구나. 숨 넘어 가겠다. 왜 이렇게 급하게 이모를 찾아?"

"나 오늘 자기 소개했어."

"그래? 표정을 보니 성공적인 것 같은데?"

"맞아. 이모는 정말 귀신이라니까. 직접 만든 명함을 나눠주면서 비유적 표현으로 나를 소개했는데 인기 만점이었어. 이제 더 이상 수줍음 많고 소심한 왕소심이 아니라고!"

"우리 소심이 정말 대견하다. 그렇게 열심히 준비하더니 결국 해냈구나. 축하해."

"그런데 이모. 나, 자신감이 생겨서 어마어마한 일을 저질렀어."

"어마어마한 일? 그게 뭐야?"

"나, 회장 선거에 나가기로 했어. 내가 어쩌다 그런 어마어마한 결정을 했는지 모르겠어. 내가 자기 소개하는 걸 보고 어떤 아이가 날 추천했어. 평소 같았으면 못한다고 했을 텐데 이번에는 왠지 해보고 싶다는 생각이 들더라고. 그런데 어떻게 하지?"

"뭘 어떻게 해? 도전해 보는 건 좋은 거야."

"회장 선거 때 연설도 해야 하잖아. 회장 연설을 잘 해야 표를 많이 받을 수 있을 텐데 과연 잘 할 수 있을까? 잘난이도 회장 후보란 말이야. 잘난이랑 표 차이가 많이 나면 부끄럽잖아."

"뭘 그렇게 걱정해. 자기 소개하기 할 때처럼 열심히 준비하면 되지."

"그럼 이모가 도와줄 거지?"

나는 이모의 말에 이때가 기회다 싶어 몸을 배배 꼬며 얼른 도움을 청했다. 이모는 그럴 줄 알았다는 듯 씨익 웃으며 이야기했다.

"좋아, 이모가 도와줄게. 그런데 조건이 있어. '정정당당하게 선거에 임하기, 최선을 다하기, 그리고 혹시 당선되지 않더라도 실망하지 않기.' 최선을 다해 노력했다면 그 과정 자체가 중요한 거니까. 어때? 지킬 수 있겠어?"

"응, 그렇게 해 볼게. 그런데 꼭 당선되고 싶긴 하다. 헤헤헤."

"그래. 준비할 때는 그런 마음가짐으로 해야지 열심히 할 수 있을 거야."

"그럼 이모. 나, 뭐부터 준비하면 될까?"

"회장 선거 연설문을 쓰기 전에 먼저 어떻게 연설문을 쓸지 아이디어를 생성해야겠지? 먼저, 소심이 너를 돌아보는 과정이 필요해. 회장이 되려고 하는 이유에 대해 생각을 해 보고, 어떤 회장이 되고 싶은지 생각해 보자. 그리고 반 친구들의 마음을 읽어야 많은 표를 얻을 수 있겠지? 아이들이 좋아하는 것은 무엇인지, 아이들이 진정으로 바라는 회장은 어떤 회장인지 조사해 봐. 이를 바탕으로 회장이 된다면 할 일, 즉 공약을 만들어 봐. 공약은 꼭 지킬 수 있는 것, 실현 가능한 것, 모두에게 도움이 되는 것이어야 해. 마지막으로 다른 후보들과는 달리 효과적으로 전달할 수 있는 개성 있는 표현 방법을 생각해 보자. 자기 소개하기 할 때와 마찬가지로 친구들이 너의 연설을 기억할 만한 특별한 장치가 필요해. 어때, 할 수 있겠지?"

"응, 소심이의 멋진 연설 기대해도 좋아."

소심이의 선거 연설문 쓰기

① **먼저 회장이 되려는 이유를 생각해 보자.**
목적이 정당해야 설득력 있는 연설문을 쓸 수 있어.

② **아이들이 원하는 회장은 어떤 회장인지 알아보자.**
아이들의 마음을 읽어야 많은 표를 얻을 수 있어.

③ **아이들이 바라는 점을 바탕으로 공약을 만들어 보자.**
꼭 지킬 수 있는 것, 실현 가능한 것, 모두에게 도움이 되는 것을 공약으로 만들자.

④ **다른 후보들과는 다른 개성 있는 표현 방법을 생각해 보자.**
인상 깊은 표현을 통해 기억에 남는 연설을 할 수 있도록 해야 해. 자기 소개하기를 할 때 활용했던 다양한 표현 방법이나 보조 자료 등을 활용하는 것도 효과적인 연설 방법이 될 수 있지.

 **왕소심의 아이디어 생성 시작**

(1) '나'를 돌아보기

이모는 무슨 일이든 동기와 목적이 중요하다고 했어. 책을 읽을 때도, 공부를 할 때도, 여행을 갈 때도 그 일을 하려는 동기와 목적을 먼저 세우는 것이 중요하다고 했지. 동기와 목적을 분명히 해야 내가 나아갈 방향에 대해 계획을 세울 수 있고, 또 좋은 결과를 얻을 수 있다고 했어. 그래서 나는 내가 회장이 되려는 이유에 대해 먼저 생각해 보기로 했어. 단순히 대표가 되어 보고 싶다는 이유 말고 좀더 구체적인 이유를 생각해 보기로 했지.

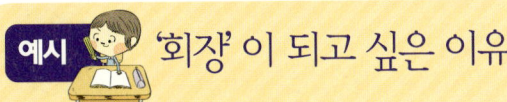 **예시 '회장'이 되고 싶은 이유**

회장이 되고 싶은 이유

1. 우리 반을 대표하는 자리에 서 보고 싶다.
2. 반 학생들을 위해 봉사해 보고 싶다.
3. 회장이 되어 모든 친구들과 친하게 지내고 싶다.
4. 우리 반을 대표하는 사람으로 책임감을 키우고 싶다.
5. 소극적인 모습을 버리고 회장으로 활동하며 적극성을 키우고 싶다.

(2) 친구들의 마음 읽기

회장은 친구들을 대표하는 자리이고 친구들이 뽑아주는 것이니 친구들의 마음을 읽는 것이 중요하다고 생각해. 그래서 나는 우리 반 친구들은 어떤 회장을 좋아했고, 또 어떤 회장을 원하는지 조사해 보기로 했어. 조사는 설문 조사처럼 질문지를 만들어 친구들의 의견을 들어보는 방법을 선택했지. 조사 결과에 비추어 앞으로 내가 어떤 회장이 되어야 할지 정리해 보는 거야.

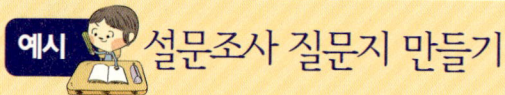

예시 설문조사 질문지 만들기

여러분은 어떤 회장을 원하시나요?

1. 지금까지 회장 중 가장 기억에 남는 회장은 누구인가요?

2. 위의 회장이 가장 기억에 남는 이유는 무엇인가요?

3. 우리 반의 회장에게 가장 바라는 것은 무엇인가요?

4. 어떤 사람이 회장이 되어야 한다고 생각하나요?

(3) 공약 만들기

　설문조사를 통해 우리 반 아이들이 원하는 회장에 대해 알아보았어. 우선 가장 기억에 남는 회장으로 반 친구들의 의견을 잘 들어주는 회장을 꼽았고, 그 다음으로 재미있는 회장이 뒤를 이었어. 또 회장에게 가장 바라는 것으로 공정한 회장이 되어 달라는 것이 1위를 차지했고, 즐거운 학습 분위기 형성이 2위, 그리고 잘난 척 하지 말아달라는 의견이 3위를 차지했어. 마지막으로 '어떤 사람이 회장이 되었으면 좋을까?' 라는 질문에는 똑똑한 사람, 재미있는 사람이 공동 1위를 차지했고, 착하고 성실한 사람이 그 뒤를 이었어.

　친구들의 의견을 종합해 보니 친구들이 어떤 회장을 바라는지 조금은 알 수 있을 것 같아. 그래서 친구들의 의견을 종합해 회장 선거 공약을 만들어 봤어. 참, 조언해 이모가 공약을 만들 때 유의할 점을 이야기해 줬는데, 공약을 만들 때 유의할 점은 다음과 같아.

회장 선거 공약 만들기

① 내 능력에 맞는 것, 즉 학생 신분으로서 지킬 수 있는 공약을 내세운다.

② 실현 가능한 공약을 내세운다.

③ 어느 한쪽에만 도움이 되는 공약이 아니라 모두에게 도움이 되는 공약을 내세운다.

예시 회장 선거 공약

왕소심의 회장 선거 공약 -5장 되기!-

1. 모든 일에 솔선수범하는 '봉사 회장'이 되겠습니다.
2. 누구에게나 공정한 '공정 회장'이 되겠습니다.
3. 잘난 척 하지 않는 '겸손 회장'이 되겠습니다.
4. 웃음꽃이 피는 반으로 만드는 '재치 회장'이 되겠습니다.
5. 모든 친구들에게 먼저 다가가는 '적극 회장'이 되겠습니다.

2 선거 연설문 쓰기

　선거일까지 이제 일주일 밖에 안 남았어. 그런데 아직도 선거 연설문을 못 썼지 뭐야. 아이디어도 생성했고, 친구들의 의견도 들어봤고, 공약도 만들었으니 이제 연설문을 쓰면 되는데 글은 역시 어려운 것 같아. 연설문을 쓰기 위해 책상 앞에 앉은 지 벌써 한 시간도 더 됐는데 아직도 제자리 걸음이야.
　"으! 정말 어렵다!!!"
　나는 내가 쓰던 종이를 구기며 머리를 잡았어. 마침 간식을 준비해 들어오시던 이모가 내 모습을 봤지 뭐야.
　"소심아, 너 왜 그래? 무슨 일 있어? 왜 머리는 쥐어 뜯고 난리야?"
　"이모, 아무 것도 아니야."
　그 순간 이모는 내가 연설문을 쓰다 버린 종이들을 봤지 뭐야.
　"어머! 수북이 쌓인 종이들은 다 뭐야. 왕소심! 자원을 아껴야지!"
　"회장 선거 연설문 쓰고 있는데 잘 안 돼서 그래. 어떻게 써야 하지?"
　"그래? 어디 좀 볼까?"
　"안 돼!!!"
　이모는 내가 망쳐 놓은 연설문을 보려고 했고, 나는 필사적으로 이모를 막았지만 이미 내 연설문은 이모의 손에 들어갔어. 한참을 심각하게 읽던 이모가 드디어 입을 여셨어.

"소심아, 잘 썼는데 이모는 왠지 이 연설문이 네가 쓴 것처럼 느껴지지 않는데?"

"아, 내가 쓰면 조금 어설플 것 같아서 유명한 사람들의 연설문들을 참고했어. 참고하는 건 괜찮지 않아?"

"다른 사람이 작성한 연설문을 참고하더라도 소심이 너의 소신을 분명하게 밝혀야 해. 그리고 연설문에는 자신의 경험과 계획을 솔직하게 밝히는 것이 더 좋아."

"그렇구나. 나는 유명한 사람들의 연설문을 이용하면 더 멋진 연설문을 쓸 수 있을 거라고 생각했어."

"어차피 소심이네 반의 회장이 될 사람은 소심이 너니까 너의 의견을 솔직하게 밝히는 것이 좋지. 참, 너 이모가 회장 선거 연설문을 쓰기 전에 생각해 보라고 했던 부분에 대해 정리해 봤어?"

"응, 이모 여기."

나는 내가 써 놓은 아이디어 생성 노트를 이모에게 보여주었어. 심각하게 읽던 이모의 표정이 이내 밝아졌어.

"소심아, 이렇게 훌륭하게 내용을 생성해 놨는데 뭐가 문제야. 우선 회장 선거에 나가려는 이유를 밝히고, 공약을 이야기하면서 어떤 회장이 될 것인지 강조하면 훌륭한 연설문이 되겠네."

"그래? 그거라면 잘 쓸 수 있어. 내가 이미 아이디어를 생성해 놨잖아."

"그렇지. 거기에 하나만 더 추가하자! 개성 있는 표현!"

"개성 있는 표현?"

"응, 연설 내용은 거의 준비되어 있으니 그 내용을 어떻게 표현할지 생각해 봐. 인상 깊은 연설을 하기 위해서는 개성 있는 표현이 중요해. 특히 연설문은 처음과 끝이 중요해. 어떻게 시작하고 어떻게 끝내는 것이 아이들의 기억 속에 인상 깊게 남을지 생각해 보자."

"알았어. 이모, 개성 있는 표현으로 시작하고 친구들의 인상에 깊이 남을 만한 끝맺음을 하라는 거지?"

"그렇지! 이제 척하면 척이구나 왕소심! 자기 소개처럼 회장 선거 연설도 잘 할 수 있을 거야."

소심이의 선거 연설문 쓰기 유의점

❶ 유명한 사람의 연설문을 참고하더라도 자신의 소신은 분명히 밝힌다.

❷ 솔직함이 최고!!! 자신의 경험과 계획을 솔직하게 밝혀 설득력을 높인다.

❸ 간결한 표현으로 이해를 돕는다.

❹ 듣는 이에 대한 예의를 갖춘다.

❺ 공약은 구체적이고 실현 가능한 내용으로 한다.

 **왕소심**의 개성 있는 선거 연설문 작성 방법

개성 있는 표현으로 자기 소개하기

개성 있는 표현은 깊은 인상을 남겨 오랫동안 기억에 남게 할 수 있어. 개성 있는 표현 방법으로는 다음과 같은 방법이 있어.

(예) 이름으로 3행시 짓기, 유행어, 명언, 비유적 표현 등

회장이 되려는 이유 밝히기

목적이 정당할 때 설득력을 높일 수 있어. 회장이 되려는 이유는 충분히 생각해 봤지? 솔직하게! 진심을 담아 회장이 되려는 이유를 밝혀봐. 설득력 있는 연설이 될 수 있을 거야.

공약 밝히기

공약은 아이들의 마음을 움직일 수 있는 가장 중요한 열쇠야. 공약을 정할 때 유의점 알지? 지킬 수 있는 것. 실현 가능한 것. 모두에게 도움이 되는 것! 그리고 공약을 밝힐 때는 최대한 구체적으로 밝혀 신뢰를 주는 것이 좋아.

인상 깊은 마무리하기

발표는 처음도 중요하지만 마무리도 매우 중요해. 친구들의 기억 속에 오래 남을 만한 표현을 찾아 연설을 마무리 해 봐. 강조하고 싶은 부분을 다시 한 번 이야기하는 것도 좋은 마무리가 될 거야.

(1) 유행어 활용하기

여러분 안녕하십니까? 뿌잉뿌잉 왕소심입니다. 조금 유치하긴 하지만 여러분은 지금 제 뿌잉뿌잉을 듣고 웃음을 보였습니다. 이런 것을 해피바이러스라고 합니다. 순식간에 퍼지는 전염병과 같이 해피바이러스 또한 순식간에 전염됩니다. 저는 여러분에게 해피바이러스를 퍼뜨리는 주사가 되어 항상 우리 반에 웃음이 가득할 수 있도록 노력하겠습니다. 이 예방접종은 조금도 비싸지 않습니다. 여러분의 작은 한 표라면 충분합니다. 저에게는 여러분의 한 표가 그 무엇보다 값집니다. 그 값진 표를 저에게 주신다면 우리 반을 위해 노력하는 5장이 되도록 하겠습니다. 5장이란 5가지 색깔을 가진 회장이라는 뜻입니다.

첫째, 모든 일에 솔선수범하는 '봉사 회장'이 되겠습니다.
둘째, 누구에게나 공정한 '공정 회장'이 되겠습니다.
셋째, 잘난 척하지 않는 '겸손 회장'이 되겠습니다.
넷째, 웃음꽃이 피는 반으로 만드는 '재치 회장'이 되겠습니다.
다섯째, 모든 친구들에게 먼저 다가가는 '적극 회장'이 되겠습니다.

여러분의 소중한 표 하나하나를 모아 우리 반을 웃음꽃이 피는 반으로 만들겠습니다. 그러니까 저에게 표를 주지 않으면 아니 아니 아니 되오! 이상 뿌잉뿌잉 해피바이러스 왕소심이었습니다. 감사합니다.

(2) 3행시 활용하기

안녕하십니까? 회장 후보 왕소심입니다. 저는 제 이름을 활용해 어떤 회장이 되고 싶은지 말씀드리겠습니다.

왕 : 왕이 되려 하지 않고 여러분의 신하가 되겠습니다.
소 : 소외된 친구들이 없이 모두 하나가 되는 반을 만들겠습니다.
심 : 심심한 반이 아닌 항상 웃음이 넘치는 즐거운 반을 만들겠습니다.

이렇게 제 이름 안에는 어떤 회장이 되고 싶은지 모두 들어 있습니다. 저는 어떤 일이든 솔선수범해 모범이 되는 회장, 우리 반을 하나로 모을 수 있는 회장, 또 '하하하' 웃음소리가 끊이지 않게 하는 회장이 될 것입니다.
여러분께서 소중한 한 표를 저에게 주신다면 앞으로 여러분의 기억에 오랫동안 남는 회장이 되도록 노력하겠습니다.

왕 : 왕창 많은 표를 주어도 아깝지 않은 사람
소 : 소중한 한 표를 줄 만한 사람은
심 : 심사숙고 해도 역시 왕소심입니다.

여러분의 준비된 회장, 왕소심이었습니다. 감사합니다.

(3) 경험 활용하기

여러분 안녕하십니까? 회장 후보 왕소심입니다. 오늘 아침 엄마께서 걸레로 청소를 하시는 모습을 보았습니다. 엄마 손에 들린 걸레는 아무리 지저분한 곳도 마다하지 않고 깨끗하게 닦아주었습니다. 그 모습을 보면서 저는 회장의 모습은 바로 저 걸레와 같아야 된다는 생각을 했습니다.

힘들고 어려운 일은 하지 않고 폼나고 멋진 일만 하려는 회장이 아니라 우리 반 구석구석 필요한 곳을 깨끗이 닦아 줄 수 있는 그런 회장이 되고 싶다는 생각을 했습니다. 그래서 저는 우리 반을 위해 열심히 일하는 5장이 되자는 결심을 했습니다. 5장이란 5가지 색의 회장을 말합니다.

첫째, 모든 일에 솔선수범하는 '봉사 회장' 이 되겠습니다.
둘째, 누구에게나 공정한 '공정 회장' 이 되겠습니다.
셋째, 잘난 척 하지 않는 '겸손 회장' 이 되겠습니다.
넷째, 웃음꽃이 피는 반으로 만드는 '재치 회장' 이 되겠습니다.
다섯째, 모든 친구들에게 먼저 다가가는 '적극 회장' 이 되겠습니다.

여러분, 저를 뽑아주신다면 우리 반의 어려운 문제, 힘든 일 등을 깨끗이 닦아내는 걸레와 같은 회장이 되겠습니다.

(4) 비유적 표현 활용하기

여러분, 회장이란 어떤 사람이라고 생각하십니까? 혹시 '알라딘'에 나오는 지니나 옛 이야기 속 도깨비 방망이처럼 모든 소원을 다 들어주고 뚝딱 해결해 주는 사람이 회장이라고 생각하십니까? 만약 저에게 지니와 같이 모든 일을 다 들어주는 회장이 되라고 하신다면 저는 그런 회장이 되겠다고 약속드릴 수 없습니다. 학생인 저에게는 그런 능력이 없고 지킬 수 없는 공약을 해서는 안 되기 때문입니다.

하지만 '개미와 베짱이' 속 주인공들과 같은 회장이 되겠다고 약속드릴 수는 있습니다. '개미와 베짱이'라는 이야기에서 개미는 성실함의 표본이었습니다. 자기가 맡은 일에 최선을 다하여 노력했고, 또 나중에 놀기만 했던 베짱이를 도와주는 너그러움까지 보였습니다. 저는 이런 회장이 되겠습니다. 우리 반을 위해 성실하게 노력하고, 따뜻한 마음으로 친구들을 대하는 그런 개미와 같은 회장이 되겠습니다. 또한 즐거운 노래로 웃음을 주었던 베짱이처럼 여러분에게 유쾌한 웃음을 드리는 회장이 되도록 노력하겠습니다.

개미의 성실함과 베짱이의 유쾌함이 함께 있는 회장! 왕소심에게 여러분의 소중한 한 표를 부탁드립니다. 감사합니다.

(5) 속담, 명언, 사자성어 활용하기

여러분, 제 귀를 보십시오. (귀를 잡아 늘리며) 굉장히 크지 않습니까? 또 제 입을 보십시오. (입을 작게 오므리며) 아주 작지요? 제가 여러분께 제 귀와 입을 보시라고 한 이유는 '귀는 크게 열렸고, 입은 작게 열렸다.'라는 속담을 알려드리기 위해서입니다. 저는 이 속담과 같은 회장이 되고 싶습니다. 입을 크게 벌려 내 말을 많이 하기보다는 귀를 크게 열고 여러분의 말을 열심히 듣고, 꼭 필요한 말만 하는 회장이 되도록 노력하겠습니다.

또한 제가 귀를 잡아당길 때, 그리고 입을 작게 오므렸을 때 여러분께서 웃음을 보이셨죠? 이렇게 여러분에게 웃음을 심어주는 해피바이러스 회장이 되도록 노력하겠습니다.

'천재일우'는 천 년 동안 단 한 번 만난다는 뜻으로, 좀처럼 만나기 어려운 좋은 기회를 이르는 말입니다. 여러분의 소중한 표를 저에게 주시면 그것을 천재일우로 삼아 최선을 다하는 회장이 되겠습니다.

우리 반 친구들의 목소리에 귀를 기울일 줄 아는 회장!
내 말을 줄이고 겸손하게 행동하는 회장!
언제나 유쾌한 웃음을 주는 회장!
바로 왕소심입니다. 감사합니다.

3. 친구들의 다양한 연설문 엿보기

(1) 늘푸른 초등학교 5학년 조현우 학생의 '강남 스타일' 연설문

안녕, 늘푸른 사나이 5학년 조현우야. 나는 요즘 아이들의 흥미를 끌고 있는 노래를 이용해 개성 있는 패러디 연설을 준비했어. 또한 여러 가지 색깔을 가진 부회장이 될 것을 강조했지.

현우의 연설문

안녕하세요. 전교 부회장 후보 기호 6번 조현우입니다.

(싸이 ~ ♪ ~ 강남스타일 ~ ♬ ~)

여러분, 이 노래 아시죠? 네, 바로 싸이의 강남스타일입니다. 요즘 싸이가 우리 대한민국을 세계에 널리 알리고 있습니다. 싸이의 노래가 이렇게 세계적으로 유명해진 이유가 뭘까요? '노래가 신나고 따라 부르기 쉬워서' 라고요? 뮤직비디오와 춤이 재미있어서요? 맞습니다. 하지만 저는 그것보다 가수 싸이의 노력 덕분이라고 생각합니다. 가수 싸이는 '최고였던 적은 없지만 단 한 번도 최선을 다하지 않은 적은 없다' 고 합니다.

저도 싸이처럼 부회장이 되면 최고가 되려고 하기 보다는, 언제나 최선을 다하는 기호 6번 부회장 조현우가 되겠습니다. 저는 여러분에게 네 가지 있는 꼭 필요한 한 사람이 되겠습니다.

(강남스타일 랩으로..)

도움 필요할 때 달려가는 슈퍼맨 / 우울할 땐 센스 만점 개그맨

공부할 땐 몰입하는 모범생 / 지쳤을 땐 레드불이 되어주는

그런 반전 있는 조현우!가 되도록 노력하겠습니다.

지금까지 여러분의 늘푸른 사나이 기호 6번 조현우였습니다. 잘 부탁드립니다.

나는 지쳤을 때 힘을 주는 레드불이 될 것을 강조하기 위해 티셔츠에 직접 레드불 그림을 그려넣었어. 또한 신비로움을 강조하기 위해 얼굴까지 덮이는 티셔츠의 모자를 이용해 얼굴을 가린 뒤 마지막에 짠~하고 얼굴을 보여주었지.

현우가 활용한 보조 자료

(2) 압구정 초등학교 5학년 황선영 학생의 '콩깍지' 연설문

안녕, 난 압구정 초등학교 5학년 황선영이야. 나는 비유적 방법으로 연설문을 썼어. 우리 반이 하나라는 것을 주제로 삼고 우리 반을 콩깍지에 비유했어. 또한 우리 반의 화합을 위해 노력하는 회장이 될 것을 강조했지.

선영이의 연설문

안녕하십니까? 저는 5학년 2학기 학급임원선거에 나온 회장후보 황선영입니다. 저희 담임선생님께서는 항상 사랑이 넘치는 콩깍지 반이 되자고 하십니다. 콩깍지 속의 개성이 다른 콩들이 서로를 배려하지 못하여 하나의 콩이라도 떨어지거나 시든다면 건강한 콩깍지가 될 수 없을 것입니다. 저는 우리 반의 모든 콩들이 하나가 되어 행복한 콩깍지 반이 될 수 있도록 몸바쳐 봉사하며 여러분을 돕겠습니다.

저희는 모두 몸과 마음의 변화가 시작되고 할 것도 많은 5학년입니다. 콩깍지 반에서 서로 고민을 나누고 협동하며 왕따 없는 최고의 반을 만들도록 앞장서 노력하겠습니다.

또한 3학년, 4학년 때 회장을 했던 경험을 거울삼아, 선생님의 뜻을 잘 따르고 여러분과 희망찬 2학기를 보낼 수 있도록 노력하겠습니다.

여러분의 소중한 한 표!! 후회 없도록 하겠습니다. 꼭 뽑아 주십시오.

끝까지 들어 주셔서 감사합니다. 회장 후보 황선영이었습니다.

효과적인 연설을 위해 나는 보조 자료를 준비했어. 우선 콩깍지 그림을 그리고 우리 반 아이들의 특징을 살려 콩들을 그린 뒤 콩깍지 속을 채웠지. 연설을 하면서 친구들과 닮은 콩들을 하나씩 나누어 주었더니 매우 흥미로워했어.

선영이가 활용한 보조 자료

* 콩깍지 안에 붙였던 콩 그림은 연설을 할 때 친구들에게 나누어 주었답니다.

(3) 늘푸른 초등학교 2학년 조정우 학생의 '수레바퀴' 연설문

안녕, 나는 늘푸른 초등학교의 수레바퀴 조정우야. 나는 수레와 수레바퀴에 비유해 회장 연설을 준비했어. 비유적 표현으로 친구들의 관심을 끌었지.

정우의 연설문

안녕하세요. 회장 후보 조정우입니다. 만약에 수레에 바퀴가 없다면 아무리 훌륭한 수레라도 굴러갈 수 없습니다. 저는 우리 반이 잘 굴러가도록 우리 반에 꼭 필요한 수레바퀴와 같은 반장이 되겠습니다.

(수레바퀴 모양 손동작)

첫째, 저는 성실의 수레바퀴가 되겠습니다. 회장으로서 맡겨진 일을 충실히 하여 우리 반을 성실하게 이끌어 가는 성실의 수레바퀴가 되겠습니다.

둘째, 저는 웃음의 수레바퀴가 되겠습니다. 여러분이 항상 즐겁게 생활할 수 있도록 웃음을 주는 웃음의 수레바퀴가 되겠습니다.

셋째, 저는 봉사의 수레바퀴가 되겠습니다. 우리 반에 어려운 일, 하기 힘든 일이 있으면 언제나 달려가는 봉사의 수레바퀴가 되겠습니다.

(굵은 글씨 부분에는 그에 맞는 동작을 해 주었어요.)

말보다는 발로 뛰는 성실한 수레바퀴! 언제나 웃음을 전하는 웃음의 수레바퀴! 어려울 때 힘이 되는 봉사의 수레바퀴! 우리반의 수레를 잘 이끌어 가는 튼튼한 수레바퀴, 조정우에게 여러분의 소중한 한 표를 부탁드립니다. 감사합니다.

나는 보조 자료보다는 다양한 동작을 준비해서 연설에 활기를 주었어. 연설 내용에 맞는 다양한 동작으로 흥미를 끌었고, 친구들에게 웃음을 주었지.

정우가 활용한 동작

수레바퀴 모양 만들기

소중한 한 표 부탁하기

성실한 모습 표현하기

웃는 모습 표현하기

(4) 압구정 초등학교 5학년 이윤서 학생의 '애정녀' 연설문

안녕, 난 애매한 것을 정리해 주는 압구정 초등학교의 애정녀, 이윤서야. 나는 내가 선거에 나갈 당시 한창 유행했던 애정남을 패러디해 톡톡 튀는 연설을 했어. 또한 애매한 상황을 확실하게 정리해 주는 똑부러지는 회장이 될 것을 강조했지.

윤서의 연설문

안녕하십니까? 여러분의 멋진 회장 애정녀 이윤서입니다. 우리가 학교 생활을 하다 보면 애매한 일로 다투거나 오해를 하게 되는 경우가 많습니다. 제가 회장이 된다면 여러분의 많은 고민을 시원하게 해결해 드리겠습니다.

(애정녀 모자 착용, 유행어 톤으로)

애! 애매한 문제들 때문에 고민이 많으셨습니까~잉?

정! 정확하고 현명한 판단이 필요하셨습니까~잉?

녀! 여러분의 소중한 한 표로 학교생활에서 생기는 모든 애매한 문제를 깨끗하게 해결할 수 있습니다~잉! 애정남? 아닙니다. 애정녀 맞습니다~잉

애정녀 이윤서는 대화를 통해 친구들의 의견을 귀담아 듣는 회장이 되겠습니다. 또한 애정남이 우리에게 많은 웃음을 주었듯이 애정녀 이윤서도 여러분에게 항상 웃음을 주는 회장이 되겠습니다. 애매한 표 말고, 확실한 한 표! 부탁드립니다~잉

나는 애정녀 모자와 함께 스케치북에 연설 내용에 맞는 그림을 그렸어. 그리고 발표내용과 연결해 그림을 보여주면서 연설을 했지. 시각 자료와 함께 발표를 하니 아이들이 연설에 더욱 집중했어.

윤서가 활용한 보조 자료

리더 되기 3단계

나의 미래 설계하기

꿈으로 '나'의 미래를 밝혀라!

1 미래의 '나' 상상해 보기

"'왕소심' 드디어 '왕대범'으로 변신하다. 우하하하."

"우리 소심이가 이제 정말 자신감이 생긴 모양이네."

"맞아 이모, 내 안에 숨은 진짜 '나'를 찾다 보니 저절로 자신감이 생기기 시작했어. 요즘은 내가 생각해도 내가 꽤 괜찮은 아이라는 생각이 들어."

"좋아, 그런 자신감. 그런데 소심아, 이럴 때 우리가 경계해야 할 점이 하나 있어."

"그게 뭔데?"

"꽉 찬 자신감도 중요하지만 지나친 자신감은 자칫하면 자만심이 될 수 있다는 사실. 자신감이 충만해졌다면 이제부터는 오히려 겸손해지는 연습이 필요해."

"명심할게 이모, 나도 잘난 척 하는 애들은 딱 질색이니까."

"그럼 지금부터는 적당한 자신감과 겸손한 자세로 타임머신을 타고 너의 미래로 가보자. 미래의 우리 소심이는 어떤 어른이 되어 있을지 상상하고 설계해 보는 거야. 어때? 잘 할 수 있겠지?"

"음.. 쉽지는 않겠지만 앞에서 했던 것처럼 차근차근 해보면 할 수도 있을 것 같아. 그런데 이모, 난 지금도 충분히 바쁘고 즐거운데 왜 미래까지 생각하라는 거야?"

"맞아. 당장 하루하루 살기도 바쁜 세상에 미래까지 생각하려면 벅차다는 생각이 들 수도 있어. 하지만 잘 생각해 보면 우리가 현재를 열심히 사는 이유는 다름 아닌 멋진 미래를 꿈꾸기 때문이기도 해. 그러니 현재에 충실하면서도 미래의 목표를 설정하고 꿈을 설계하는 일은 너를 멋진 어른으로 키우는 밑거름이 될 거야. 금상첨화라고나 할까? 십년 후, 이십 년 후, 아니 더 먼 미래에 나는 어떤 모습일지 상상해 보는 것만으로도 설레고 의미있는 시간이 될 수 있을 거야."

"아하, 그렇구나! 그런데 이모, 상상이라고 해서 그냥 쉽게 떠오를 줄 알았는데 막상 상상하려니까 잘 떠오르지 않는 걸."

"당연히 그럴 거야. 상상에도 단계와 방법이 있으니까. 우선 약 20년 후쯤 소심이는 나이가 몇 살이고, 어떤 모습으로 어디에서 무엇을 하고 있을지 상상해 보자."

"이십 년 후면 서른 살은 넘겠네. 좋아, 그럼 그 다음은?"

"그 다음은 미래의 너의 하루 일과를 구체적으로 상상해 보는 거야. 아침부터 저녁까지 무엇을 하고, 누구를 만나 어떻게 하루를 보내는지를 말이야."

"이제야 감이 좀 오는 걸."

"그렇지? 감이 좀 잡혔으면 이번에는 좀 더 깊이 들어가서 직장이나 가정에서 너의 위치, 친구나 동료 등 주변 관계까지 모두 떠올려보는 거야."

"우와, 정말 신기하다. 이모 마구마구 상상이 되는 걸."

"맞아. 상상의 힘은 그래서 놀라운 거야. 그리고 자신에 대한 믿음과 확신을 가진 긍정적인 상상은 언젠가는 현실이 될 가능성도 무한하단다."

"상상이 현실이 되면 얼마나 좋을까?"

"그렇겠지? 그렇게 되려면 여기서 멈추면 안 돼. 미래의 구체적인 모습을 상상해 보았다면, 미래의 꿈을 이루기 위해 어떤 목표를 세우고 어떻게 실천해나갈지도 생각해 봐야 해. 그런 다음에는 미래의 너의 삶을 제 3의 인물이 되어서 관찰하고 평가까지 해보는 거야."

"놀라워라. 상상만으로도 마음이 꽉 찬 느낌이야, 이모."

"좋아. 다시 한 번 강조하자면, 20년 후 너의 모습은 구체적일수록 좋다는 거야." "자, 그럼 지금부터 우리 왕소심의 미래 모습 상상하기 시작해 볼까?"

소심이의 '미래의 나 상상하기'

① 상상할 적당한 시기를 정한다. 20년 후, 10년 후 등
② 미래의 하루 일과를 구체적으로 상상한다.
③ 꿈을 이루기 위한 목표를 세우고 실천 방안을 마련한다.
④ 제 3의 인물이 되어 내 미래의 삶을 평가한다.

 왕소심의 미래의 '나' 상상하기 과정

미래의 '나'의 모습 상상하기

미래의 구체적인 하루를 정한 후, 그날의 일과표와 라이프스타일 맵을 작성하면서 미래 모습을 구체화해 보자.

미래의 '나'의 하루 일과 상상하기

미래 일과표와 라이프스타일 맵을 바탕으로 미래의 하루를 정해 그날 있었던 일을 일기로 써보자.

미래의 '나'의 위치 상상하기

자기가 꿈꾸는 분야에서 최고의 상을 받은 주인공이 된 기분으로 수상 소감문과 인터뷰 기사문을 작성해 보자.

미래의 '나'의 모습 객관화시켜 평가하기

먼 미래의 자신의 삶을 되돌아보는 자서전을 쓰고, 다른 사람의 입장에서 자신의 모습을 평가해 보자.

미래의 '나' 상상하기 시작!

(1) '미래의 나' 관찰하기

　20년 후, 나의 하루 일과를 상상해 보자. 일어나서 잠들 때까지 겪는 작고 사소한 일에서 특별하고 중요한 일까지 생각나는 대로 모두 떠올려 보는 거야. 물론 매일매일 다른 하루를 살겠지만 가장 일상적인 하루의 모습을 상상해서 적어 보는 거야.

　그런 다음 아침부터 저녁까지 어떤 일을 하는지 미래의 하루 일과를 정리해 봐. 우선 크게 오전, 오후, 저녁, 밤으로 나누고 세부적으로 시간을 나누어서 하는 일을 정리하는 거야.

　미래의 하루 일과를 정리하면서 나의 하루 중 가장 많은 시간을 투자하는 일은 무엇인지도 생각해 보고, 나의 하루 중 가장 의미 있는 시간은 어떤 시간인지도 생각해 봐.

　20년 후, 나이는 몇 살일지, 외모는 어떤 모습으로 변해 있을지, 어떤 차림새를 하고 있을지, 가족 구성원은 누가 누가 있을지, 어떤 지역에서 어떤 일을 하면서 어떤 사람들을 만나며 살고 있을지, 자주 가는 장소는 어디일지, 마치 미래의 어느 한 시점에 실제로 가 있다는 생각으로 머릿속에 그림을 그리면서 마음껏 상상해 보는 거야.

　자, 이제 마음껏 상상했으면 미래의 일상을 일과표와 라이프스타일 맵으로 정리해 보자.

예시 왕소심의 미래 일과표 작성하기

시간	세부사항
오전 6:00 ~ 7:30	기상, 아침식사, 출근 준비, 조간신문 읽기 - 아침 6시에 일어나 출근 준비를 하며, 신문과 뉴스를 통해 그날 그날의 이슈와 세상 소식을 접하는 것으로 하루를 시작한다.
7:30 ~ 8:00	출근
8:00 ~ 12:00	업무 처리 - 출근 후, 그날 그날 처리해야 할 일의 순서와 목표를 정하고, 오전에 해야 할 업무를 처리한다.
오후 12:00 ~ 2:00	점심 식사와 휴식 - 점심 식사 후, 잠깐의 여유 시간이다. 잠시 낮잠을 자거나, 책을 보거나, 인터넷을 한다.
3:00 ~ 6:30	업무 처리 - 오늘 처리해야 할 일을 마무리하며 목표를 점검한다.
6:30 ~ 8:00	퇴근 & 저녁식사 - 특별한 일이 없으면 저녁 약속을 잡지 않고, 집에서 가족과 함께 저녁을 먹는다.
8:00 ~ 12:00	산책, 독서, 휴식, 취침 - 저녁 식사 후 가볍게 산책한다. 산책 후 업무관련 도서 또는 관심 분야의 책을 읽으며 하루를 마무리한다.

예시 미래의 '라이프 스타일 맵' 그리기

취미 활동
산악 자전거 타기가 취미여서 주말이면 늘 공기 맑은 자연을 찾아 떠난다. 역동적인 활동을 하며 쌓인 스트레스를 풀고 건강을 지킨다.

인간관계
가족, 학창 시절 친구들, 직장 동료, 산악자전거 동호회 친구들

나의 직업
호텔리어

20년 후, 나의 '라이프스타일 맵'

사는 곳
주요 거주지는 대한민국 서울이지만, 직업의 특성상 해외 출장이 잦다.

하루 일과
- 평일 : 회사, 운동, 일주일에 두 번 모임(친구, 동호회)
- 주말 : 취미 활동과 여행, 가족과 식사

책, e-book
매일 독서는 하루 일과에서 빼놓을 수 없는 중요한 일

나의 가방

다이어리
매일 해야 할 일의 우선순위를 정하고 평소 생각하는 것, 생활하면서 느낀 점, 준비해야 할 것 등을 메모할 수 있는 다이어리를 넣고 다닌다. 메모하는 습관을 갖는다.

하루의 시작과 끝

끝
잠들기 전 30분 동안 하루 일과를 돌아보고 반성하는 시간을 갖는다.

(2) 미래를 구체화시킨 일기 쓰기

미래의 모습을 구체적으로 상상하면서 일과표도 만들어 보고, 라이프스타일 맵도 만들어 봤지? 상상을 현실로 바꾸기 위한 두 번째 단계는 바로 그동안 정리한 일과표와 라이프스타일 맵을 바탕으로 미래의 하루를 일기로 정리해 보는 거야.

미래의 일과표를 만들고 라이프스타일 맵을 만들고, 미래의 일기를 써보는 이유는 꿈을 현실로 만들어가는 과정이라고 할 수 있어. 꿈이 현실이 되기 위해서는 자기만의 비결과 노력이 있어야 한단다.

꿈을 현실로 만들기 위해서는 우선 꿈을 시각화하는 연습이 필요해. 언제나 보이는 곳에 꿈의 목록을 붙여두고 매일 매일 확인하는 것도 효과적이야. 자신의 꿈과 관련된 사진이나 그림을 보이는 곳에 붙여두는 것도 좋은 방법이지. 마음 속으로 생각하는 일을 시각화하면 성공할 확률이 훨씬 더 높아지고, 이미 성공한 모습을 마음속으로 생생하게 그리는 습관은 목표를 달성하는 아주 강력한 수단이 될 수 있단다.

뿐만 아니라 꿈이 이루어진 자신의 모습을 상상하면서, 매일 수십 번씩 큰 소리로 반복해서 꿈을 말하는 것도 효과가 이미 입증된 방법이란다. 예를 들어 베스트셀러 작가가 되고 싶다면 "나는 반드시 베스트셀러 작가가 될 거야"를 반복해서 말해보는 거지.

그런가 하면 자신의 꿈과 관련된 장소에 직접 찾아가서 마치 꿈이 실제로 이루어진 것처럼 행동하는 것도 상당히 강력한 효과가 있다고 해. 예를 들어 영화배우나 감독이 되고 싶다면 직접 충무로에 가서 실제로 자신이 영화 배우인 것처럼, 또는 감독인 것처럼 행동해 보는 것도 효과적인 방법이란다.

너무 터무니없다고 생각할 수도 있지만 실제로 그런 실천이 성공으로 이어진 사례가 적지 않게 있단다.

물론 그렇다고 무턱대고 노력없이 꿈만 꾸라는 얘기는 아니야. 어렵고 힘들어 보이는 일일수록 도전정신을 가지고 꿈을 구체화시키면, 누구든 꿈을 이룰 수 있다는 얘기지. 그리고 꿈을 구체화시킬수록 그 꿈은 실현될 가능성이 커지는 법이야.

"왕소심, 준비됐니?"

"솔직히 일기 쓰는 걸 별로 좋아하진 않지만 이모 얘기를 듣다 보니 미래 일기 쓰기는 어쩐지 재밌을 것 같아."

"맞아, 재미있을 거야. 그리고 미래의 하루를 일기로 쓰다 보면 아주 생생하게 미래의 꿈이 현실이 되는 상상을 할 수 있을 거야. 자, 그럼 이모가 보여주는 일기의 예를 보고 너도 한 번 따라해 보렴."

tip **미래 일기 쓰기**

1. 어떤 사람이 되어 있을지 자신이 꿈꾸는 미래의 모습 상상하기
2. 일기로 기록하고 싶은 미래의 하루 선택하기
3. 가장 기억에 남는 일 고르기
4. 느낌과 다짐 등을 자세히 기록하기

예시 미래를 구체화시킨 일기 쓰기

날짜 : 2035년 10월 8일

제목 : 꿈이 현실이 된 날

　나는 지금 덴마크 코펜하겐에 와 있다. 내일이면 이곳에서 지구촌 기후변화협약이 열린다. 세계인들이 모여 지구촌 기후 변화에 대한 해결책을 논의하는 자리이다.

　어릴 때 나는 지구온난화 등 세계 문제에 관심이 많았다. 하지만 학교 성적도 그다지 좋지 않았고, 특별히 잘하는 것도 없어서 외교관이 된다는 건 내겐 하늘의 별따기처럼 느껴졌다. 그래서 그땐 외교관이 되고 싶다는 꿈을 사람들에게 얘기하기도 두려웠다. 어쩐지 사람들이 비웃을 것만 같았으니까. 그때는 내가 과연 꿈을 이룰 수 있을지 막연하고도 어렵게만 느껴졌다.

　하지만 그때 나는 남들이 뭐라고 하는지 신경쓰지 않기로 마음먹고 꿈을 이루기 위해 목표를 세웠고, '꿈은 반드시 이루어진다' 는 생각을 버리지 않았다. 그리고 지금 나는 꿈을 이루어 당당히 한국을 대표하는 기후대사로 와 있다.

　잠이 오지 않는다. 내일 나는 한국을 대표하는 기후대사 외교관으로서 책임과 의무를 다해야 한다. 그래서 긴장이 된다. 어릴 때 막연히 품었던 꿈에 대한 용기를 다시 떠올려봐야겠다. 잘할 수 있을 거라고 나에게 주문을 걸어본다. 왕소심, 화이팅!!

(3) 자신이 상상하는 최고의 위치에 선 수상 소감문 쓰기

　미래의 모습을 상상하는 일이 더 즐겁고 설레기 위해서는 평범한 일상보다는 성공한 모습을 그려보는 게 좋아. 성공한 모습 가운데서도 최고의 순간을 떠올리다 보면 자신도 모르게 미래의 그 벅찬 순간을 위해 지금 이 순간을 더 열심히 살아야겠다는 의지와 의욕이 생겨날 거야.
　우선 자신이 꿈꾸던 분야에서 최고의 상을 받았다고 가정해 보자. 그리고 그 상을 수상했을 때의 느낌이 어떨지를 구체적으로 상상해 보는 거야. 느낌을 떠올리라고 하면 그저 좋다, 나쁘다, 기쁘다, 감격스럽다… 정도의 단편적인 생각만 하기 쉬운데 그 정도에서 그치는 것은 별 의미가 없어. 자신이 언제부터 이런 꿈을 갖게 되었는지, 이런 꿈을 갖게 된 계기는 무엇이었는지, 꿈을 이루기 위해서 어떤 노력들을 해왔는지를 하나하나 생각해 봐야 해.
　잠깐 눈을 감고 머릿속으로 정말 자신이 꿈꾸던 분야에서 최고의 상을 수상한 인물이 되었다는 상상을 해 봐. 많은 사람들의 환호 가운데 주목받으며 무대 위로 올라가 영광스럽게 수상하는 너의 모습을 떠올리는 거야. 그런 상상을 실제로 눈으로 보고 있는 것처럼 묘사해서 글로 옮겨 실감나는 수상 소감문을 써보는 거야. 그때의 느낌을 최대한 생생하게 살려가면서 말이야.
　지금부터 주어진 질문에 따라 생각을 정리해 보면서 수상 소감문을 작성해 보자.

수상 소감문을 쓰기 전에 생각해볼 내용

언제부터 이런 꿈을 가졌나요?

....

이런 꿈을 꾸게 된 계기는 무엇인가요?

....

꿈을 이루기 위해 언제부터, 어떤 노력을 하였나요?

....

꿈을 이루는 데 가장 큰 역할을 했던 사람은 누구인가요?

....

꿈을 이루는 데 가장 도움이 되었던 노력은 무엇인가요?

....

수상 소감을 묻는다면 어떤 말을 하고 싶은가요?

....

여러분과 같은 꿈을 꾸는 후배들에게 도움이 될 수 있는 말을 해 준다면 어떤 말을 해주고 싶은가요?

예시 수상 소감문 쓰기

안녕하세요?

저에게 이렇게 의미있고 특별한 상을 주셔서 정말 감사합니다.

저는 아직도 제가 이 상을 받는다는 게 믿기지가 않습니다. 저는 지금 저에게 일어나고 있는 이 일이 기적처럼만 느껴져 눈물이 앞을 가립니다.

어릴 때 저는 그저 멋진 작가가 되는 게 꿈이자 목표였습니다. 그래서 저는 뛰어난 재능은 없었지만 꿈을 포기한 적이 없습니다. 덕분에 저는 작가라는 꿈을 이룰 수 있게 되었습니다. 그때 저는 제가 꿈을 이룬 것에 만족하지 않았습니다. 작가가 되고나서는 바로 지금 이 자리에 서서 작가로서 최고의 영예로운 상을 받아 수상소감을 꼭 한 번 말해보고 싶다는 꿈을 갖게 되었습니다. 솔직히 그때까지만 해도 이루어질 수 있을 거라는 기대보다는 그저 막연한 기대라고 생각했습니다. 하지만 그때 제가 그런 희망을 품었기에 누구보다도 글쓰는 데 커다란 열정을 쏟아부을 수 있었다는 생각이 듭니다.

간절히 꿈꾸던 바를 이룬 지금, 저는 세상 누구보다 행복합니다. 앞으로 이 상이 부끄럽지 않게 더욱 더 노력하는 작가가 되어 많은 사람들의 마음에 빛이 되는 사람이 되도록 노력하겠습니다. 한국인으로서 세계인의 가슴을 울리는 가슴 따뜻한 작가가 되도록 언제나 최선을 다하겠습니다.

끝으로 저를 낳아주신 조국과 부모님, 그리고 저를 문학의 길로 이끌어주신 선생님께 깊은 감사를 드립니다.

(4) 미래에 받고 싶은 상장 만들기

　자신이 꿈꾸던 분야에서 최고의 상을 받은 수상 소감문을 작성한 것을 바탕으로 상장을 만들어 보자. 상장을 만들기에 앞서 상장을 만들면 좋은 점부터 생각해 보는 게 좋겠다. 앞으로 자신이 받고 싶은 상장을 만들어두면 자신이 꿈꾸는 일에 대한 성취도를 높여줄 수 있어. 다시 말해 그 상장이 바로 자기가 바라는 좀 더 멋진 인생의 주인공이 될 수 있도록 이끌어주는 작은 징검다리가 되어준다는 얘기야.

　자신이 머릿속으로 꿈꾸고 바라는 일을 구체화시켜 놓으면 이루어낼 수 있는 확률이 훨씬 더 높아지기 때문이지. 상장을 만들어 눈에 잘 띄는 곳에 걸어두고 오며가며 확인하면 효과 만점이라고 할 수 있어.

　미래에 받고 싶은 상장을 만들려면 우선 어느 분야의 상인지 상의 종류부터 정해야겠지? 스포츠 분야에 관련된 상인지, 문화 예술 분야의 상인지, 과학 분야의 상인지 말이야. 현재는 없지만 앞으로 있었으면 하는 상을 스스로 정해서 만들어 보는 것도 좋아. 이럴 때는 상 이름도 자신이 직접 지어봐야겠지?

　그런 다음 상장에 들어갈 내용을 정리하면 돼. 상장에 들어갈 내용은 상을 주는 이유가 먼저 들어가야 해. 그리고 특별히 칭찬하고 싶은 내용이나 많은 이들에게 본보기가 될 만한 내용을 구체적으로 정리해 보는 거야.

상장 만들기 과정

상장 종류 생각하기

어떤 분야에서 어떤 상을 받고 싶은지 최고의 상을 상상해 보자.

상장을 주는 이유 정리하기

상장을 주는 입장에서 상장의 의미와 주는 이유를 정리해 보자.

칭찬할 부분, 본보기가 되는 내용 정리하기

수상자가 상을 받을 만한 부분을 구체적으로 정리해 보자.

상장 이름을 짓고 완성하기

상장의 의미와 연관지어 상장의 이름을 짓고 상장을 완성해 보자.

 **예시 상장 만들기**

상 장

– 희망의 등불상 –

왕소심

위 사람은 에너지공학기술자로
사라져가는 화석연료를 대체하고
지구의 환경을 살릴 수 있는
대체에너지를 개발하여 지구촌에
희망의 등불이 되어주었기에
이 상을 드립니다.

글로벌에너지협회장

⑸ 자신을 객관화하는 인터뷰 기사문 쓰기

　자신이 꿈꾸던 분야에서 최고의 상을 수상하는 장면을 떠올려 보았는데, 수상 소감문이 자신의 느낌을 잘 정리한 것이라면, 인터뷰 기사문은 자신을 객관화시키는 과정에 더 가까워. 그래서 자신의 입장보다는 다른 사람의 입장에서 궁금해 할 만한 내용들을 질문으로 만들어 보고, 그에 맞는 적절한 답변을 생각해 보아야 해. 여기서 중요한 것은 어떤 내용을 질문으로 만드느냐겠지?

　좋은 인터뷰 질문은 인터뷰를 하고자 하는 목적에 맞는 질문이야. 여기서는 성공한 미래의 자신을 인터뷰하는 거니까 가장 기본적인 질문으로 성공의 비결이 무엇인지에 대한 내용이 있을 거야. 또 어떻게 이런 일을 시작하게 되었는지, 성공하기까지 가장 기억에 남는 일은 무엇인지, 가장 힘들었을 때는 언제였는지, 힘든 순간은 어떻게 극복해냈는지 등을 질문으로 만들 수 있어.

　여기서 중요한 것은 인터뷰의 목적이 무엇인지를 처음부터 끝까지 잊지 않는 거야. 그리고 질문의 의도에 맞게 질문 내용을 분명하게 드러내야 해. 질문이 분명할수록 깊이있는 좋은 대답을 유도할 수 있거든.

　성공한 미래의 자신을 인터뷰하는 기사문은 자신을 다른 사람의 입장에서 평가해 볼 수도 있고, 답변하는 과정에서 자기 생각을 담을 수 있어서 꿈을 구체적으로 설계하고 미래를 상상하는 데 효과적인 방법이라고 할 수 있어. 자, 그럼 시작해 볼까? 소심이가 이번에는 어떤 변신을 할지 기대되는구나.

미래의 '나' 인터뷰 기사문 쓰기

인터뷰 목적 생각해 보기

인터뷰 하는 목적이 무엇인지 구체적으로 생각해 보고 어떤 내용을, 누구에게 들려줄 것인지 떠올려 보자.

미래의 '나'를 다른 사람 입장에서 생각해 보기

인터뷰 기사문을 쓸 때는 자신의 입장보다는 다른 사람의 입장에서 듣고 싶어할 만한 내용이 무엇인지를 생각해 보자.

인터뷰 질문 내용 선정하기

생각나는 질문 내용들을 모두 메모한 다음, 꼭 필요한 질문을 정하고, 질문의 순서를 적절하게 배열해 보자.

질문과 답변을 작성하여 인터뷰 기사문 완성하기

질문에 맞는 답변을 성의껏 작성하고, 기사문을 완성해 보자.

예시 인터뷰 기사문 쓰기

진행자 : 사각사각 방송사에서 특집으로 마련한 〈만나고 싶은 사람들〉 오늘 이 시간에는 에너지 분야에서 최고의 상이라고 할 수 있는 '희망의 등불상'을 수상하신 왕소심 씨를 모시고 이야기를 나눠보려고 합니다. 왕소심 씨 안녕하세요.

왕소심 : 안녕하세요.

진행자 : 역대 '희망의 등불상' 수상자들을 보면 전 세계인들의 존경을 받는 인물들입니다. 어떤 상이건 상을 받는다는 건 기쁘고 영광스러운 일이지만 특히 '희망의 등불상'을 수상하는 일은 영광 중에 영광이 아닐 수 없을 거라는 생각이 듭니다. 이 상을 수상하셨을 때 소감이 어떠셨습니까?

왕소심 : 네, 저도 사실은 실감이 나지 않았습니다. 감격스럽기도 했지만 한편으로는 제가 이런 상을 받을 만한 자격이 있는지도 돌아보게 되었습니다.

진행자 : 네, 워낙에 큰 상이다 보니 실감이 나지 않으셨을 것 같기도 합니다만 제가 보기에는 자격은 충분하신 것 같습니다. 지구촌의 커다란 고민을 해결해 주시고, 그만큼 많은 이들에게 빛이 되는 일을 해내신 거니까요. 그런데 언제부터 이런 분야에 관심을 갖게 되셨는지요?

왕소심 : 아주 어릴 때부터 저는 환경이나 과학에 관심이 많았습니다. 초

등학교 때 우연히 지구 환경에 관련된 책을 한 권 읽은 적이 있는데, 그 책을 읽고 나서 지구의 환경 오염이 얼마나 심각한지를 알게 되었습니다. 그래서 그때부터 만약에 어른이 되면 훌륭한 과학자가 되어서 지구를 구해야겠다는 생각을 하게 되었습니다.

진행자 : 아주 어린 시절부터 과학자를 꿈꾸셨군요. 그런데 꿈을 꾸기는 쉽지만 꿈을 실현하는 일은 쉽지가 않지요. 어떤 노력을 하셨기에 그 때의 꿈을 이렇게 멋지게 이루어내실 수 있었는지 궁금합니다.

왕소심 : 누구나 어릴 때는 되고 싶은 것도 많고 하고 싶은 것들도 많습니다. 저도 마찬가지였지요. 그런데 그 많은 하고 싶은 것들 가운데 과학자에 대한 생각만큼은 변하지 않았습니다. 그래서 과학자가 되기 위해서 나름대로 제가 할 수 있는 일은 모두 시도해 봤습니다.

진행자 : 구체적으로 어떤 시도들을 하셨나요?

왕소심 : 과학자가 되겠다고 생각한 이후부터는 매일 하루도 빼먹지 않고 과학책을 읽었습니다. 하루에 한 권을 읽을 때도 있었고, 어떨 때는 하루에 두세 권 또는 책이 두꺼울 때는 나누어서 며칠에 거쳐서 읽기도 했습니다. 그리고 초등학교 때부터 중학교를 졸업할 때까지 꾸준히 과학 일기를 썼습니다.

진행자 : 과학 일기를 쓰셨다고요? 과학 일기를 어떤 식으로 쓰셨나요?

왕소심 : 과학책을 읽고 독후감 형식으로 쓰기도 했고요. 주위에 있는 사물이나 동식물을 관찰한 뒤에 관찰 일기를 쓰기도 했습니다.

진행자 : 그러셨군요. 과학 일기를 쓰신 것이 꿈을 이루는 데 어떤 도움이 되었다고 생각하시나요?

왕소심 : 어릴 때 썼기 때문에 지금 보면 내용이 정확하지 않은 부분도 있고 부실한 내용도 많습니다. 하지만 어쩌면 오늘의 나를 있게 한 힘은 바로 꾸준한 독서와 과학 일기에 있었다는 생각이 듭니다. 매일 그런 기록을 남긴다는 게 저에게는 좋은 습관을 만들어 주었고요. 몰랐던 것들을 많이 알게 해주었고, 깨달음을 주었고, 또 저의 꿈을 점검할 수 있게 해주었다는 생각이 듭니다.

진행자 : 맞습니다. 꾸준함을 이길 수 있는 건 없습니다. 꾸준히 책을 통해 다양한 지식을 쌓고, 알고 있는 사실이나 깨달음을 기록하는 습관은 동서고금을 막론하고 우리가 발전하는 데 지대한 공헌을 해 왔지요. 혹시 꿈을 이루는 과정에서 가장 힘들었던 시기가 있었다면 언제였는지요?

왕소심 : 사실 저는 학교 성적이 좋은 학생이 아니었습니다. 그래서 제가 꿈이 과학자라고 하면 주변에서는 말도 안 된다는 반응을 보이기도 하고, 비웃기도 했습니다. 그래서 저에게는 학창시절이 가장 힘든 시기였습니다.

진행자 : 그렇게 힘든 시기를 어떻게 견뎌 내고 이 자리까지 서게 되셨습니까?

왕소심 : 저는 제가 매우 행운아라고 생각합니다. 일단 힘들 때마다 책이

저에게는 큰 힘과 위로가 되어 주었고요. 저희 어머니가 늘 제 곁에서 응원을 해주셨습니다.

진행자 : 네, 에디슨이 생각나는군요.

왕소심 : 과찬이십니다. 어머니가 계셨기 때문에 좌절하지 않고 자신감을 가지고 제가 잘 할 수 있는 일만큼은 누구보다 열심히 최선을 다했습니다.

진행자 : 많은 사람들이 부러워하기도 하고 우러러보는 가치있는 상을 수상하셨는데, 앞으로는 어떤 계획을 가지고 계시는지요?

왕소심 : 상을 받은 것과 상관 없이 저는 변함 없이 지금까지 해왔던 것과 똑같이 일상에 충실히 살아가려고 합니다. 그리고 제 뒤를 이어 에너지 분야의 새로운 길을 모색할 후배들을 키우고 싶습니다.

진행자 : 멋진 계획을 가지고 계시네요. 끝으로 같은 길을 가려고 하는 후배들에게 해주고 싶은 말씀이 있다면 한 마디 해주시죠.

왕소심 : 책 읽기를 게을리하지 마시고, 주위의 반응이나 말보다는 자기 자신의 말에 귀 기울이고 꿈을 잃지 않기를 바랍니다.

진행자 : 오늘 좋은 말씀 감사하고요. 앞으로도 항상 지금처럼 멋진 삶의 주인공으로 살아가시길 바랍니다.

(6) 미래 자서전 쓰기

　소심아, 지금부터는 자서전을 써볼 거야. 자서전이 뭐냐고? 자서전은 말 그대로 자신의 생애에 대해 자기가 스스로 쓴 글이야. 위인전을 떠올리면 좀 쉽겠다. 위인전이 인물의 생애나 업적 등을 기록한 글이라는 건 잘 알고 있지? 위인전을 다른 말로는 전기문이라고도 하는데, 훌륭한 일을 한 사람의 일생을 사실적으로 기록한 글이야. 자서전도 전기문의 하나인데, 자서전이 위인전과 다른 점은 다른 사람이 아닌 스스로 자기 얘기를 쓴다는 점이야.

　지금 우리가 여기서 써볼 자서전은 그 동안 썼던 일기나 인터뷰 기사문 등 여러 가지 형식의 글에 담았던 내용들을 종합적으로 정리해 보는 일이라고 할 수도 있어. 물론 앞에서 썼던 일기나 인터뷰 기사문, 수상 소감문이 어느 한 시점을 정해두고 쓴 글이라면, 자서전은 어느 한 순간이 아닌 인생 전체를 돌아보는 글이란 점이 다르지만 말이야.

　자서전이라고 하니까 어쩐지 거창하게 느껴질 수도 있지만 오랜 세월 꾸준히 써온 일기도 일종의 자서전이라고 할 수 있어. 자서전이라고 하면 위대한 업적을 남긴 사람들만 쓰는 글이라는 생각을 많이 하지만 자서전은 누구나 쓸 수 있고, 누구나 자서전의 주인공이 될 수 있어. 우리는 누구나 자기 인생의 주인공이니까. 그러니 자신이 주인공인 실제 이야기를 써간다고 생각하면 어려울 것도 없어. 여기서 한 가지 지나치지 말아야 할 점이 있어. 모든 글은 그 글을 쓰는 목적이 있다는 거지. 자서전은 자신이 살아온 인생을 정리하고 되돌아보는 것이 1차 목적이라고 할 수 있을 거야. 여기서 좀 더 나아가면 자신의 이야기가 다른 누군가에게 본보기가 될 수 있고, 삶의 나침반이 되어 줄 수 있다면 더 의미있는 자서전이라고 할 수 있겠지?

우리가 지금 써보려고 하는 자서전은 현재가 아닌 앞으로 30년 후, 40년 후, 아니면 더 먼 미래로 가서 오늘을 회상하는 형식의 글이야.

미래의 나의 모습을 상상해 본 후 현재를 회상하는 자서전을 써보면 어떤 점이 좋을까?

자서전을 쓰려면 자신의 미래를 구체화시켜 상상해 봐야 해. 그런 과정에서 미래를 향한 꿈과 목표를 보다 명확하게 할 수 있고, 목표를 이루어가는 과정을 단계별로 생각해 볼 수 있어. 그러니 체계적으로 인생을 설계해 볼 수 있겠지?

그리고 자서전을 써야겠다는 마음을 먹고 생각을 정리하다 보면, 누구든 의미 없는 인생의 주인공이 되고 싶지는 않을 거야. 기왕이면 멋진 인생의 주인공이 되어서 많은 이들에게 본보기가 되어야겠다는 각오도 덤으로 하게 될 거야.

자, 그럼 이제부터 본격적으로 자서전에 담을 내용을 생각해 볼까? 자서전을 쓸 때는 먼저 인생을 시기별로 나누어 중요한 사건을 중심으로 이력서를 작성하듯 정리하면 돼.

어린 시절, 나는 언제 어디서 태어났는지, 부모님과 가족들은 어떤 사람들인지, 가정 환경은 어땠는지, 주위에 어떤 인물들이 있었는지를 생각해 봐.

그리고 학창 시절은 어떻게 보냈는지, 성인이 된 후에 기억에 남는 일이나 특별한 사건은 어떤 것들이 있었는지, 힘든 시기는 어떻게 극복해냈는지 그리고 어떤 취미를 가지고 있었고, 어느 분야에 소질이 있었는지, 어린 시절의 장래 희망은 무엇이었고, 그 꿈을 이루기 위해 어떤 노력들을 해왔는지, 생각나는 대로 빠뜨리지 말고 정리해 봐.

본보기가 되어준 인물이나 존경하는 인물, 감명깊게 읽은 책, 인생에서 잊을 수 없는 사건들도 중요하겠지? 자서전은 그야말로 인생의 종합상자와 같은 거니까.

　자서전에 담을 중요한 내용들을 떠올려봤다면, 다음은 자서전에 어울리는 제목을 정해야 해. 제목만으로도 자신이 걸어온 인생을 한눈에 알아볼 수 있도록 말이야.

　책에서 제목은 그 책의 얼굴과 같아. 그래서 책은 내용 만큼이나 제목도 중요해. 책의 제목은 그 책에서 가장 핵심적인 내용을 담고 있어야 하고, 제목만으로도 글쓴이가 하고 싶은 말이 무엇인지 짐작할 수 있어야 해.

　자서전의 제목을 정할 때도 마찬가지야. 자서전의 제목을 정할 때는 먼저 자신의 인생을 한 문장으로 표현한다면 어떻게 말할 수 있을지를 생각해 보면 어렵지 않을 거야. 이때 자기 인생에서 가장 강조하고 싶은 사건이나 중요한 업적을 떠올려봐야겠지? 그리고 한 문장 정도로 책의 핵심 내용을 간추리는 거야. 그런 다음 문장에서 말의 순서를 바꾼다거나, 핵심 단어를 감각적으로 바꾼다거나, 수식어를 첨가한다거나 해서 다듬고 변신시키는 거지.

　이때 여러 개의 제목이 떠오를 수도 있어. 그럴 때는 순간순간 떠오르는 제목들을 모두 하나하나 나열해 봐. 그리고 여러 사람의 의견을 묻거나, 문장마다 꼼꼼하게 검토해 보면서 책의 내용과 가장 어울리는 제목을 택하는 거야. 아니면 나열한 여러 개의 제목들을 서로 합하거나 조율해서 새로운 제목을 만들어낼 수도 있어.

　책에서 제목을 정하는 일은 순서를 딱히 정해둘 필요는 없어. 제목을 정한 뒤에 제목에 따라 내용이나 흐름이 정해질 수도 있지만, 글을 다 완성한 뒤에 맨 마지막에 근사한 제목이 떠오를 수도 있거든. 좋은 제목이 떠오르지 않을 때는 임시로 제목을 정한 뒤에 글의 내용을 먼저 완성하고 마지막에 제목을 수정하는 것도 방법이 될 수 있어.

제목이 책의 얼굴이라면 책의 몸통 부분은 책의 내용이야. 책의 내용을 어떤 구성과 순서로 정리할지를 생각하는 것도 중요해. 글의 구성과 순서를 잘 정리해야 글의 흐름이 매끄럽게 이어질 수 있거든. 그게 바로 책의 목차라고 하는 거야.

자서전에서 목차를 정할 때는 어린 시절부터 시간의 흐름에 따라 순서대로 글을 전개해나갈 수도 있고, 현재 시점에서 과거로 거슬러 올라가는 형식으로 글을 풀어나갈 수도 있어. 어떤 순서로 전개하는 것이 자신의 인생을 가장 잘 담아낼 수 있을지를 생각해서 정하면 되는 거야.

자서전에 담을 내용과 제목, 목차까지 정리를 끝냈다면 이제 자신이 정리한 순서에 따라 내용을 채우기만 하면 자서전 완성이야.

소심이의 자서전 쓰기

❶ **내용 생성하기** | 인생을 시기별로 나누어 중요한 사건을 정리한다.

❷ **내용 조직하기(목차 정하기)** | 글의 구성과 순서를 정해 글의 흐름이 매끄럽게 이어지도록 한다.

❸ **자서전 쓰기** | 내용 생성하기에서는 목차에 따라 내용을 자세하게 풀어 쓴다.

❹ **제목 정하기** | 자서전의 핵심 내용을 담아 감각적인 제목을 정한다.

미래 자서전 쓰기 과정

내 인생의 중요한 사건 정리하기
40~50년 후의 시점에서 자신의 인생을 시기별로 나누어 중요한 사건을 정리해 보자.

자서전 목차 정리하기
인생의 중요한 이 사건들을 어떤 순서로 배치할 것인지 전체적인 글의 순서를 정리해 보자.

목차에 따라 자서전 완성하기
사건과 목차 정리가 끝났다면 구체적인 서술로 내용을 멋지게 완성해 보자.

자서전에 어울리는 제목 정하기
자신의 인생에서 가장 강조하고 싶은 내용이나 자신의 살아온 삶과 가장 어울리는 내용으로 제목을 정하자. 제목은 순서와 상관없이 언제든 좋은 제목이 떠오를 때 정해도 된다는 점을 기억하자.

예시 인생을 시기별로 나누어 중요한 사건 정리하기

어린 시절
* 이름 : 왕소심
* 태어난 곳 : 대한민국 서울특별시
* 부모님과 형제자매 : 엄격한 아버지와 인자한 어머니 아래에서 태어남, 1남 1녀 중 첫째
* 성격과 친구 관계 : 모험심이 강하고 활동적이며, 좋아하는 일을 할 때는 한 가지에 집중하는 편임. 친구들을 좋아하고 친구가 많음. 곤충을 좋아해서 친구들이 곤충박사라는 별명을 붙여줌.

학창 시절
* 장래 희망 : 곤충학자
* 취미와 특기 : 과학책 읽기, 곤충 채집, 그림 그리기
* 관심사 : 곤충을 좋아함
* 주요 사건 : 우연히 부모님과 계곡으로 여름 휴가를 떠났다가 장수풍뎅이를 보고 한눈에 반해서 곤충에 관심을 갖게 됨. 그 후 틈만 나면 곤충 관련 책들을 읽거나, 직접 곤충을 기르기도 하고, 채집하는 데 많은 시간을 보냄. 초등학교 때부터 과학 독후감 대회나 경시대회에 열성적으로 참여하여 좋은 성과를 거둠. 대학에서 곤충학과를 졸업함.

| 청년 시절 | * 대학에서 곤충학과를 졸업한 뒤, 파브르와 같은 곤충학자가 되려는 꿈을 이루기 위해 유학을 떠남.
* 주요 사건 : 어릴 때부터 곤충을 관찰하며 써 온 관찰일기와 그림을 모아 책으로 펴냄. 곤충을 좋아하고 곤충에 관심있는 어린이들에게 도움을 줄 수 있는 책을 펴내 보람을 느낌. |

| 성인 시절 | * 주요 사건 : 힘든 일도 많았지만 어릴 때 품었던 꿈을 이루기 위해 열정을 다했고, 변함 없이 한길을 걸어온 결실을 얻게 됨. 자신이 연구한 곤충을 과학 기술에 활용해 첨단 제품을 발명해 냄. 여러 공로와 성과에 대해 세상으로부터 인정을 받음. |

| 노년 시절 | * 주요 사건 : 자신을 뒤따르는 학생들을 지도하며 보람있는 하루 하루를 보냄. 곤충학자를 꿈꾸는 아이들을 위한 곤충학교를 세우기 위해 여러 가지 노력을 하고 있음. |

예시 자서전 목차 정리하기

목차

1. 현재의 '나'
   '나'는 누구인가?
   - 지금의 '나'에 대해 소개하기

2. 어린 시절의 '나'
   '나'의 성장 과정과 꿈
   - 어린 시절 성장 과정에서 겪은 이야기

3. 내 인생의 전환기
   '나'의 삶을 바꾸어 준 주요 사건
   - 내 인생의 전환점이 되어준 중요한 사건

4. 내 인생의 본보기
   '나'의 역할 모델이 되어준 인물
   - 나의 성장과 발전에 본보기가 되어준 인물

5. 미래 꿈나무들에게 보내는 편지
   곤충학자를 꿈꾸는 어린이들에게
   - 미래 꿈나무들에게 보내는 희망의 메시지

예시 자서전에 어울리는 제목 정하기

" '백문이 불여일견' 이라고 하지? 긴 설명보다 한 번 직접 해보면 바로 무슨 말인지 이해가 될 거야. 자서전 제목 정하기, 시작해 볼까?"

1. 왕소심의 인생을 한 문장으로 정리해보기 & 떠오르는 문장 모두 메모해보기

   소년 시절 왕소심은 개구쟁이였다. 곤충학자가 되는 것이 꿈이었다. 제2의 파브르가 되고 싶어했다.

2. 문장 다듬기

   개구쟁이 소년 왕소심, 드디어 곤충학자가 되는 꿈을 이루었다. 한국을 대표하는 곤충학자로 제2의 파브르가 되었다.

3. 제목 완성하기

   곤충학자를 꿈꾸던 개구쟁이 소년 왕소심, 한국의 파브르로 우뚝 서다.

 자서전 쓰기

책표지 만들기

곤충학자를 꿈꾸던
개구쟁이 소년 왕소심,
한국의 파브르로 우뚝 서다.

글 : 왕소심

목차

1 현재의 '나'
   '나'는 누구인가?
   - 지금의 '나'에 대해 소개하기

2 어린 시절의 '나'
   '나'의 성장 과정과 꿈
   - 어린 시절 성장 과정에서 겪은 이야기

3 내 인생의 전환기
   '나'의 삶을 바꿔 준 주요 사건
   - 내 인생의 전환점이 되어준 중요한 사건

4 내 인생의 본보기
   '나'의 역할 모델이 되어준 인물
   - 나의 성장과 발전에 본보기가 되어준 인물

5 미래 꿈나무들에게 보내는 편지
   곤충학자를 꿈꾸는 어린이들에게
   - 미래 꿈나무들에게 보내는 희망의 메시지

1 현재의 '나'
'나'는 누구인가?
— 지금의 '나' 소개하기

    얼마 전, 생각지도 않았던 전화 한 통이 걸려왔다. 낯선 번호를 보고 누굴까 하고 받았더니 방송사였다. 한국을 빛낸 인물과 함께 하는 텔레비전 프로그램에서 인터뷰를 요청하는 전화였다. 나는 현재 곤충학자로 얼마 전, 세계적인 권위를 자랑하는 노벨상을 수상했다. 지금까지의 내 삶을 돌아보니 그저 한길을 변함없이 걸어온 것이 가장 보람되고 뿌듯하다는 생각이 들었다.

    전화를 끊고 나니 새삼 감회가 새로웠다. 곤충이라면 자다가도 깨어나곤 했던 코흘리개 어린 시절이 떠올랐다. 지금의 왕소심을 있게 한 힘은 어린 시절부터 지금까지 곤충 없는 나는 생각할 수도 없을 만큼 곤충에 대한 깊은 열정이었다는 생각이 든다.

    얼마 후면 나의 오랜 숙원 사업이었던 세계 최대의 곤충박물관이 완공될 예정이다. 미래의 곤충학자를 꿈꾸는 꿈나무들에게 곤충에 대한 다양한 정보와 체험의 장을 마련해 주고 싶은 마음에서 시작한 일이 드디어 막바지를 향해가고 있다. 곤충박물관은 다양한 표본 전시관과 다양한 체험공간, 교육시실을 갖추고 있다. 이곳에서 나, '왕소심'의 뒤를 이어 한국을 빛낼 세계적인 곤충학자가 많이 많이 길러질 수 있도록 환경과 기회를 제공할 것이다.

2 어린 시절의 '나'
'나'의 성장 과정과 꿈

― 꿈을 이루기 위한 노력과 성장 과정에서 겪은 이야기

   초등학생 시절 나의 보물 제 1호는 곤충 세밀화 스케치북이었다. 나는 어릴 때부터 자연과 동식물에 관심이 많았다. 특히 곤충을 좋아해서 어릴 때부터 곤충과 관련된 책들을 열심히 읽었고, 주변의 다양한 곤충들을 세심하게 관찰하면서 내가 관찰한 곤충들을 그림으로 그려두었다. 처음에는 곤충을 자세히 관찰하기 위해 그리기 시작한 세밀화가 시간이 지나면서 책꽂이를 가득 채울 정도가 되었다.

   그림을 그리면서 자연스럽게 곤충의 구조와 습성을 분석할 수 있었고, 곤충들마다 다른 특징들도 비교할 수 있었다. 사마귀는 무엇을 먹고, 어디서 사는지, 사슴벌레와 장수풍뎅이는 어떤 차이가 있는지, 곤충은 더듬이로 무엇을 하는지 등 곤충들에 대해서는 궁금증을 참지 못해 끊임없이 자료를 찾고 조사를 해왔다.

   그때부터 주위에서 나에게 모두 '곤충박사'라고 부르기 시작했다. 그 말을 들을 때마다 나는 가슴이 두근거렸고, 뿌듯했다. 그리고 내가 진짜 곤충학자가 된 듯한 느낌이 들었고, 곤충을 관찰하는 일은 내 일상의 소중한 일부가 되었다.

3 내 인생의 전환기
'나'의 삶을 바꾸어 준 주요 사건

- 내 인생의 전환점이 되어준 중요한 사건

어린 시절, 나는 곤충을 좋아하기는 했지만 어떤 사람이 되고 싶은지에 대해서는 별다른 생각이 없었다. 그러던 어느 날, 우연히 뉴스를 보다가 소금쟁이가 가라앉지 않고 물 위에 떠 있는 현상을 모방해서 방수 섬유를 만들었다는 소식을 들었다. 그 뉴스를 접하는 순간 내 머릿속에 반짝~하고 불이 켜지는 것 같았다. 그 후로 실제로 오늘날 곤충을 과학 기술에 활용해 첨단 제품을 만들어내는 예는 무궁무진하다는 사실을 알게 되었다. 흡혈곤충의 경우는 뇌경색 치료제 개발에 쓰이기도 하고, 초파리는 후각 메커니즘을 활용해 위험물 감지 로봇이나 재해 시 구조 로봇 등으로 개발하기도 한다. 그때부터 나도 곤충의 신체 기관을 응용해서 생활에 꼭 필요한 물건들을 만들어내서 많은 사람들에게 도움을 주고 싶다는 생각을 하게 되었다.

특히 곤충은 좋아하는 사람도 있지만, 징그럽다거나 지저분하다는 선입견을 가지고 있는 사람들이 많다. 하지만 곤충의 세계를 이해하면 곤충 역시 다른 생명체들과 마찬가지로 신비 그 자체다. 그래서 나는 그런 곤충의 신비로운 세계를 세상에 알리고 싶다는 욕심이 생겼다.

곤충학자는 단순히 곤충의 생태를 연구하는 데서 머무는 학자가 아니라 연구를 통해 새롭게 밝혀진 사실들을 실생활에 어떻게 활용하고 응용하느냐에 따라 인류의 미래를 혁신적으로 발전시킬 수 있는 열쇠를 쥐고 있다는 생각도 들었다.

4 내 인생의 본보기
'나'의 역할 모델이 되어 준 인물

― 나의 성장과 발전에 본보기가 되어 준 인물

나의 역할 모델 1호 : 장 앙리 파브르

곤충학자의 대명사이자 과학자의 대명사로 통하는 장 앙리 파브르는 어릴 때 맨처음 내가 알게 된 곤충학자의 이름이다. 처음에는 곤충에만 관심이 많았지만, 파브르의 이야기를 통해 곤충학자가 지녀야 할 자세에 대해서도 생각해 보게 되었다. 파브르는 매우 온화하고 겸손한 학자였으며, 곤충에 관한 갖가지 오해를 풀기 위해 철저한 관찰과 검증을 통해 과학적인 사실을 밝혀내려고 애썼다. 심지어 자신이 알고 있는 사실을 확실히 하기 위해 매미 유충을 직접 먹어보았다고 한다. 파브르는 평소에 곤충을 끈기 있게 관찰한 것으로도 유명하다. 그리고 자신이 관찰한 것을 기록할 때도 아주 조심스러워서 때로는 한 동물에 대한 관찰과 기록이 몇 년씩 걸리기도 했다. 그래서 파브르는 자신이 관찰한 곤충에 대해 성급하게 결론을 내리는 실수를 범하지도 않았고, 예로부터 전해 내려오는 잘못된 지식들을 그냥 베껴 쓰는 법도 없었다. 파브르는 자기가 몸소 관찰하고 철저히 검토한 내용에 대해서만 기록을 남겼다. 파브르는 곤충학자라면 반드시 갖추어야 할 겸손과 끈기, 실험정신을 모두 가지고 있다. 나도 파브르 같은 자세로 곤충을 연구하여 인류에 기여하고 싶다.

5 미래 꿈나무들에게 보내는 편지
곤충학자를 꿈꾸는 어린이들에게

- 미래 꿈나무들에게 보내는 희망의 메시지

어린 시절, 나의 역할 모델은 장 앙리 파브르와 한국의 나비박사 석주명이었다. 그때 나는 파브르와 석주명 박사에 버금가는 한국의 곤충학자가 되기를 꿈꾸었다.

한국이 낳은 세계적인 곤충학자를 꿈꾸던 '왕소심'의 목표는 사람들이 알지 못하는 곤충 세계의 비밀을 밝혀내는 것이었다. 그래서 내가 밝혀낸 곤충 세계의 비밀이 많은 사람들의 생활 속에서 유용하게 쓰일 수 있도록 하는 것이었다. 그리고 곤충박물관을 만들어 다양한 곤충의 세계를 많은 아이들에게 소개하고 싶었다.

성공은 꿈꾸는 자의 것이라고 생각한다. 만약 어린 시절 내가 꿈꾸기를 멈추었다면 아마 지금의 나는 없었을 것이다. 나는 지금의 내가 자랑스럽다. 꿈을 이루기까지의 과정은 힘들었지만, 어떤 상황에서도 꿈을 잃지 않았고 다른 누군가에 의해서가 아닌 나 스스로의 의지에 따라 살아왔기 때문이다.

나와 같은 곤충학자를 꿈꾸는 꿈나무들에게 해주고 싶은 말이 있다. 자신이 하고 싶은 일이 무엇인지를 알고, 그 일을 위해 스스로 목표를 세우고 한 발 한 발 발걸음을 내딛는 과정, 그 자체를 소중하게 여겼으면 좋겠다.

2. 꿈과 비전 만들기

"이모, 꿈은 알겠는데 비전은 도대체 뭐야?"
"비전은 자신이 성취하고자 하는 하나의 목표를 말해."
"아하, 목표! 그럼 꿈이랑 똑같은 거 아냐?"
"맞아, 꿈이랑 비전은 비슷해. 그런데 꿈은 그저 생각에만 머무를 수도 있고, 즐기는 것만도 가능하지만 비전은 반드시 자신이 세운 목표에 걸맞는 행동이 뒤따라야 한다는 점이 달라. 그리고 꿈은 자신이 갖고 싶은 것이나 해보고 싶은 것, 또 만나고 싶은 사람이나 가고 싶은 곳처럼 사람이 가질 수 있는 모든 욕구를 말해. 그래서 꿈은 수십 가지가 될 수도 있고, 수만 가지가 될 수도 있어. 하지만 비전은 단 하나의 목표라는 점이 다르지."
"우와~, 비전이 그런 거였구나. 그러니까 비전은 꿈을 구체적으로 실천해 나가는 거라고 볼 수 있겠네."
"빙고!, 자 이제 비전의 의미를 이해했으니 우리 소심이의 비전에 맞는 '비전 선언문'에 대해서도 알아야겠지?"
"어머나, 이모, 비전 선언문은 또 뭐야?, 산 넘어 산이네."
"산 넘어 산이라니?, 왕소심 양 또 다시 소심해지려는 모양인데 걱정 팍 내려 놓으시고, 이모만 따라오면 돼."

"넵!"

"'비전 선언문'은 자신의 비전을 글로 풀어낸 거야. 다시 말해서 '글로 표현한 인생 지도'라고나 할까."

"이모, 무슨 뜻인지 알 것 같기도 하고 모를 것 같기도 해."

"당연한 거야. 이제부터 하는 설명이 진짜니까 잘 들어. '비전 선언문'은 일단 자신이 정한 비전과 그 비전을 이루어가는 과정, 비전을 달성하는 시점까지를 명확하게 글로 쓴 거야."

"이모 미안한데 난 여전히 알쏭달쏭해."

"물론 그러시겠죠. 왕소심 양. 아직 이모의 설명은 끝나지 않았으니까. '비전 선언문'은 쉽게 말해 자신이 세운 비전을 글로 적고 그 옆에는 그에 걸맞는 행동 지침을 적어두고 스스로에게 다짐과 약속을 해보는 거라고 생각하면 돼. 왕소심 양의 이해를 돕기 위해 이모가 예를 들어볼까? '나는 언제까지 어떤 사람이 될 거다'라고 비전을 정했다면, 거기에 맞는 노력을 옆에 함께 분명하게 기록해 두는 거야. '나의 비전을 이루기 위해서 나는 언제까지, 어떤 일들을 할 것이다'라고 말이야."

"이젠 좀 감이 오는 걸, 이모"

"좋아. '비전'과 '비전 선언문'이 무엇인지 이해했다면 다음 단계로 넘어가 볼까?"

"다음 단계라니? 이모"

"비전이라고 다 똑같은 게 아니거든. 우선은 비전 가운데서도 '올바른 비전을 세우는 방법'에 대해서 알아봐야 해."

"그러네, 그럼 그 다음은?"

"올바른 비전을 세웠다면 올바른 비전에 맞는 '비전 선언문 쓰는 법'으로 들어가야지."

"좋아. 이모 계속 막힘없이 쭉~~"

"왕소심 양, 지금부터 이모가 단계별로 설명할 테니 잘 따라해 보길!"

"준비됐으니 시작해 주세요."

"비전을 세울 때 가장 중요한 것은 바로 비전은 크고 원대해야 한다는 거야. 비전을 작게 세우면 우리가 가진 무한한 잠재력을 제대로 싹 틔울 수 없으니까."

"정말 그렇겠네."

"여기서 크고 원대한 비전을 세울 때 절대로 빠뜨려서는 안 되는 게 있어. '우리는 누구나 이 세상에 태어난 분명한 이유'가 있다는 점을 반드시 생각해 보아야 해. 그걸 '소명'이라고 해. 자신의 소명을 머릿속으로 생각하면서 비전을 세우면 단순한 개인적인 목표 달성의 차원을 뛰어넘는 비전을 세울 수 있게 되는 거야. 그저 나 자신만을 위한 목표가 아니라 이 세상을 위해 내가 어떤 일을 할 수 있는지를 생각해 보게 된다는 거지."

"와우, 그렇게 깊은 뜻이!"

"예를 들어볼까?, '나는 곤충학자가 되겠다.'라는 바람은 단순한 꿈이나 목표에 지나지 않잖아. 하지만 자신의 꿈이 이 세상에 어떤 역할을 할 수 있을지까지를 생각해 보면 또 다른 의미부여가 되는 거야. '나는 곤충학자가 되어 곤충에게서 발견한 과학적 사실을 활용해 인류를 편하게 하는 과학기기를 만들 것이다.'처럼 자신의 소명을 비전에 불어 넣으면 비전의 규모가 달라지는 거야."

"와, 비전에 소명이 들어가니 정말 다른 걸."

"그렇지?, 비전에 소명을 반영해서 생각한 다음에는 자신이 세운 비전을 생생하게 그려보아야 해. 비전은 아직 내 눈앞에 보이지 않는 것을 눈으로 볼 수 있게 그려보고 시각화하는 것을 말하는 것이거든. 실제로 꿈을 현실로 만든 사람들은 대부분 자신의 꿈을 생생하게 그리면서 살아간다는 공통점이 있단다."

"이모, 이제부턴 나도 꼭 눈에 보이는 곳에 나의 비전을 아주 크게 써서 붙여 놓을게."

"좋아, 기대해 볼게. 마지막으로 한 가지가 남아 있는데 그건 바로 자신이 세운 비전을 달성할 최종 시기, 비전이 완료되는 시점을 정해야 한다는 거야. 비전이 완료될 시점을 명확히 해두면 비전에 대한 도전의식을 심어 주는 데 효과가 있어. 그리고 비전에 대한 기대와 믿음을 갖게 해서 자신의 미래에 대해 긍정적인 태도와 열정을 갖게 하는 거야. 이런 게 바로 비전을 현실로 만들어 줄 가능성을 훨씬 더 크게 해준다고 할 수 있지.

올바른 비전을 세우는 비법

(1) 비전 선언문 쓰기

1. 비전은 크고 원대하게 가질 것
자신의 무한한 잠재력을 제대로 발휘하기 위해서는 비전을 크고 원대하게 세우자.

2. 비전에 자신의 소명 반영하기
자신이 '이 세상에 태어난 분명한 이유'를 자신의 비전에 반영하면 자신의 비전이 더 이상 자신만의 비전이 아닌 세상을 발전시키는 큰 원동력이 된다는 점을 명심하자.

3. 자신이 세운 비전을 시각화하기
머릿속으로 생각만 하는 것보다 비전을 늘 보이는 곳에 붙여두고 볼 때마다 구체적으로 상상해 보자.

4. 비전이 완료되는 시점 정하기
막연한 계획보다는 정확한 기간과 시점을 정해두면 성취도는 배가 된다는 점을 기억하자.

"이모, 이번엔 비전 선언문 쓰는 비법을 전수해 주는 거지?"

"'구슬이 서 말이라도 꿰어야 보배'라고 하지? 아무리 훌륭하고 좋은 것도 잘 다듬고 정리해서 쓸모 있게 만들어야 값어치가 있는 거야. 비전 역시 세우는 것에서만 그친다면 무의미한 것으로 끝나고 말아. 비전에 날개를 달아주는 건 바로 '비전 선언문'을 만드는 일이지. '비전 선언문'은 공식화된 양식이 있어서 어렵지 않게 해볼 수 있어."

"정말?"

"물론이지. 먼저 맨 위에 자신의 소명을 담은 비전이 무엇인지 쓰는 거야. 그런 다음에는 자기 인생의 5가지 큰 비전과 각 비전의 완료 시점을 설정해서 기록하면 돼.

첫 번째는 자신이 목표로 정한 대학과 학과, 그리고 완료 시점을 적는 거야. 두 번째는 자신이 원하는 직업과 그 직업을 갖게 되는 완료 시점을 적는 거지, 세 번째는 직업을 통해서 자신이 달성할 수 있는 최대의 성과와 그것을 달성하는 완료 시점을 적는 거야. 네 번째는 성공을 통해 우리 사회에 어떤 기여를 할 것인지와 완료 시점을 적는 거지. 그런 다음 마지막은 자신의 묘비명을 적고 이 세상 사람들이 자신을 어떻게 기억해 주기 원하는지를 써보는 거야. 이때 이 세상을 마감하는 날짜도 미리 상상해서 적어두는 게 좋아."

'비전 선언문' 쓰는 비법

1. 선언문 맨 위에 자신의 비전 쓰기

비전을 쓸 때는 반드시 자신이 이 세상에 태어난 이유를 생각해 보고, 자신이 미래에 어떤 직업을 가지게 되고, 이를 통해서 이 세상에 어떤 기여를 하게 될지를 상상한 소명을 담을 것.

2. 인생의 5가지 큰 비전과 각 비전의 완료 시점 적기

  (1) 자신이 정한 대학과 학과, 완료 시점 적기
  (2) 자신이 원하는 직업과 그 직업을 갖게 되는 완료 시점 적기
  (3) 직업을 통해서 자신이 달성할 수 있는 최대의 성과와 달성 완료 시점 적기
  (4) 성공을 통해 우리 사회에 어떤 기여를 할 것인지와 완료 시점 적기
  (5) 자신의 묘비명과 세상 사람들에게 기억되고 싶은 자신의 모습, 세상을 마감하는 날짜 예상해서 적기

3. '비전 선언문' 보이는 곳에 걸어두기

'비전 선언문'은 작성도 중요하지만 눈에 잘 보이는 곳에 두고 항상 보고, 외칠 수 있도록 하는 것이 가장 중요하다는 사실을 명심할 것

예시 비전 선언문 쓰기

1 자신이 가장 부러워하는 삶을 사는 사람이 누구이고, 그 사람은 어떤 사람일지 적어 보세요.

> 나, 왕소심이 가장 부러워하는 삶을 산 사람은 애플 사의 CEO였던 스티브 잡스이다. 스티브 잡스는 자기가 하고 싶어하는 일을 하면서 그 일을 즐기며 살았던 것 같다. 특히 매일매일 새로운 생각을 하고, 누구보다 자기 자신을 믿고 모든 일에 최선을 다한 모습이 부럽다.

2 자신이 가장 하고 싶어하는 일을 하는 사람이 누구인지 적어 보세요.

> 내가 가장 하고 싶어하는 일을 하는 사람은 패션 디자이너 이상봉이다. 많은 디자이너들이 있지만 이상봉 디자이너는 한글을 자신의 의상 디자인에 넣어 아주 멋진 의상들을 만들었다. 멋진 디자인으로 우리의 한글을 세계에 알린 것을 보고 나도 이상봉 아저씨 같은 한국을 빛내는 패션 디자이너가 되고 싶어졌다.

3 자신이 일하는 환경이 어떤 분위기였으면 좋겠는지 적어 보세요.

> 패션 디자이너들은 상상력과 창의성이 중요하다고 생각한다. 그래서 딱딱한 의자나 책상이 있는 사무실이면 안 된다. 칸막이가 없고 편안한 분위기의 쇼파와 자유롭게 아이디어를 나눌 수 있는 열린 토론 광장이 있는 공간이었으면 좋겠다. 그리고 사장님이나 직원이 모두 평등하고 서로를 존중하며 즐겁게 일할 수 있는 곳이기를 원한다.

4 미래에 자신이 원하는 하루 일과에 대해서 자세히 적어 보세요.

> 아침 일찍 일어나 운동을 하고 상쾌한 기분으로 샐러드를 먹고 하루를 시작한다. 회사에 나가는 것은 자유이다. 회의가 있는 날엔 나가고 그렇지 않은 날엔 내가 있고 싶은 곳에서 자유롭게 일한다.

5 돈을 벌지 않아도 될 만큼 여유가 있다면, 일생 동안 어떤 일을 하면서 지내고 싶은지 적어 보세요.

> 세계 여러 나라의 아름다운 디자인 탐방을 하며 보내고 싶다. 패션 디자인뿐만 아니라 생활용품, 건축, 가구 등 다양한 디자인의 세계를 만나고 싶다.

6 만약 자신이 상당한 권위가 있거나 영향력을 행사할 수 있는 사람이라면 무엇을 할 것인지 적어 보세요.

> 세상의 어린이들이 꿈을 잃지 않도록 꿈나무들을 위해 열심히 강연을 하러 다닐 것이다. 그리고 가난하고 힘든 나라를 위해 도움을 주는 일을 할 것이다. 세계의 부자들에게 도움을 요청하고 함께 사는 세상의 아름다움을 널리 알릴 것이다.

7 자신의 20년 후를 떠올려 보세요. 20년 후, 월요일 아침 10시라고 상상하여 적어 보세요.

> - 지금 있는 곳은?
>   <u>세계적인 패션쇼가 열릴 뉴욕</u>

- 지금 하고 있는 일은?
  '뉴욕 컬렉션'에 출품할 디자인을 준비하고 있다.

- 지금 입고 있는 옷은?
  한글 디자인이 새겨진 하얀 티셔츠와 청바지

8 | 20년 후, 월요일 점심 때 만날 사람은 누구인지 적어 보세요.

세계적인 디자이너들과 패션쇼 관계자들과 점심을 먹고 있다.

9 | 노인이 되었을 때 손자가 '인생에서 가장 자랑스러운 일'이 무엇이었냐고 묻는다면 어떻게 대답할지 적어 보세요.

할머니는 매순간이 자랑스러운 순간이었다. 매순간 최선을 다했으니까.

10 | 세상을 떠나기 직전, 자신이 지금까지 이룬 것에 대해 정리해 본다면 어떤 것들이 있을지 적어 보세요.

- '왕소심'이라는 이름의 패션 브랜드를 만든 것
- 힘들 때나 기쁠 때나 서로를 아껴주고 위해준 가족과 친구들
- 초등학교 때 만든 '비전 선언문'
- 세상을 위해 수익금의 일부를 기부한 것

(2) 역할 모델 정하기

"소심아, 나폴레옹, 에디슨, 헬렌 켈러, 카이사르, 링컨, 스티브 잡스, 세종대왕, 마틴 루터 킹, 넬슨 만델라, 마더 테레사, 오프라 윈프리, 이순신, 김대중, 김수환 같은 인물들의 공통점은 뭘까?"

"유명한 사람!"

"맞아, 사람들에게 가장 존경하는 이름을 물었을 때, 가장 많이 답하는 인물들이면서 누구나 한 번쯤은 들어봤을 법한 이름이야. 그리고 세상의 많은 사람들에게 영향을 준 인물이기도 하지. 그렇다면 이 사람들을 많은 사람들이 존경하는 이유는 뭘까?."

"음, 많은 사람들이 이 사람들의 삶을 통해서 많은 것을 느끼고 배울 수 있기 때문에?"

"오, 우리 소심이가 정말 많이 똑똑해졌는 걸. 바로 그거야. 이 사람들은 여러 사람들에게 성공한 인생의 모델이 되기도 하는데, 이들의 삶을 들여다보면 결코 순탄치만은 않은 삶이었다는 공통점도 있단다. 세상에는 하루 아침에 그저 운이 좋아서 성공한 사람은 없단다. 남들이 보기에 그저 순탄해 보이는 성공가도를 달려온 듯한 사람에게도 알고 보면 부단한 노력과 의지가 숨어 있기 마련이지. '뜻이 있는 곳에 길이 있다.'는 말은 성공한 사람들에게는 모두 통하는 얘기일 거야."

"이모 얘길 듣고 보니 정말 그런 것 같아."

"자기 스스로 자기 인생의 주인공이 되어서 살기 위해서는 우선 뜻을 세우고, 자신이 세운 뜻을 향해 나아가는 노력이 필요해. 이때 자신이 성장하고 발전하기 위해서는 본보기로 삼을 만한 역할 모델을 정하는 게 중요하단다.

지금은 너무 멀고 힘들게 보이는 길이라도, 앞서 간 사람이 있다면 어렵지 않을 거야. 아무리 어려운 길, 불가능해 보이는 고지라도 반드시 그 일을 해내는 사람은 있기 마련이잖니?, 자신의 꿈과 비슷한 분야에서 성공을 했거나, 의미 있는 인생을 살아가고 있는 사람을 통해 인생의 목표나 가치관에 대해 배울 점을 찾아내고, 그들의 성공 전략과 방법을 따라하다 보면 어느 순간 자기도 모르는 사이에 목표 달성을 해낼 수도 있다는 얘기야."

"이모 그럼 역할 모델은 어떤 사람으로 정하는 게 좋은 거야?"

"역할 모델은 누구든 될 수 있어. 그리고 역할 모델이 꼭 한 사람일 필요도 없어. 여러 사람이 지닌 장점을 찾아내서 다양한 본보기로 삼을 수 있으니까. 각 인물에게서 구체적으로 배우고 싶은 점을 골라 역할 모델 모자이크를 만들어 보는 거야. 여기서 중요한 한 가지! 역할 모델을 정하기 위해서는 우선 자신이 역할 모델로 삼고 싶은 인물들에 대해 제대로 알아야 해. 그 인물에 대해 철저히 조사해서 그 사람의 생애, 가치관, 업적 등에 대해 알아봐. 그러기 위해서는 위인전을 많이 읽어보기를 권해. 물론 책이 아니고도 영화나 다큐멘터리 프로그램 등 다양한 방법으로도 위인을 접할 수 있어. 인물 이야기를 접하면서 감탄도 하고, 닮고 싶다는 마음이 저절로 우러나게 될 때, 마음에 작은 파문이 일게 될 거야. 바로 그때를 놓치면 안 돼. 시간이 지나면 감동은 무뎌지고 잊어버리게 되거든. 그러니 역할 모델로 삼고 싶은 인물이 정해졌으면, 인물에 대한 이야기를 접하고 나서 바로 생생한 느낌으로 어떤 인물인지, 어떤 점을 배우고 싶은지 너만의 꿈의 노트에 정리해 보는 거야."

🌸 역할 모델로 삼고 싶은 인물 정하기 🌸

10명 이상 선택하기
- 경영인, 정치인, 과학자, 학자, 세계 지도자, 인권운동가 등
- 가치관, 외모, 성격, 리더십, 지식, 능력, 인간성, 인간관계 등

각 인물들에게서 어떤 점을 배우고 싶은지
구체적으로 생각해 보기

인물에 대해 배울 점을 체계적으로 정리하기

역할 모델에 대해 정리한 내용을 눈에 보이는 곳에 붙이고
소리내어 읽기

꿈을 이룬 후의 모습을 상상하여 마음 속에 그려보고, 성공한 인물
이 되었다고 가정하여 역할 모델에게 감사의 편지 써 보기

예시 역할 모델 모자이크하기

인물 이름 : 헬렌 켈러

- **인물 소개 :** 미국의 작가이자 사회 사업가로 세계 최초의 대학교육을 받은 시각·청각 중복 장애인이다. 헬렌 켈러는 미국의 사회복지 사업가로 눈도 보이지 않고 귀도 들리지 않고 말도 하지 못하는 삼중의 고통을 극복하고 사회복지를 위해서 생애를 바친 인물이다.

- **배우고 싶은 점 :** 신체적 장애를 세상의 희망으로 바꾼 의지와 끈기를 배우고 싶다.

나의 역할 모델

인물 이름 : 나폴레옹

- **인물 소개 :** 나폴레옹은 영웅이자 정복자로 인류 역사상 가장 위대한 위인 중 한 사람이다. 나폴레옹은 뛰어난 분석력과 집중력을 지닌 인물로 전쟁터에서까지 책을 읽었다고 한다.

- **배우고 싶은 점 :** 단호한 결단력, 굳은 의지, 뛰어난 웅변력과 뛰어난 통솔력을 배우고 싶다. 나폴레옹이 남긴 명언도 기억하고 싶다. '내 사전에 불가능이란 없다.'

인물 이름 : 정약용

- **인물 소개** : 조선 시대 실학을 집대성한 학자로 실천하는 지식인이다. 많은 책을 읽고, 많은 책을 집필한 인물로, 수원 화성을 건축할 때 거중기를 만들어 막대한 건축 비용과 시간을 절감했다.

- **배우고 싶은 점** : 자신이 알고 있는 지식이 백성들의 삶에 유용하게 쓰일 수 있도록 노력했다. 백성의 삶을 마음으로 이해하려 하고, 몸소 실천으로 보여주었다.

인물 이름 : 워렌 버핏

- **인물 소개** : 미국의 기업인이자 투자가로 뛰어난 투자실력과 기부활동으로 전 세계 투자가들이 가장 닮고 싶어하는 인물이다. 매일 깨어있는 시간의 삼분의 일을 독서하며 보낸다. 빌 게이츠와 둘도 없는 친구이며 또한 빌 게이츠의 투자 스승이다. 빌 게이츠도 그에게 투자하는 법에 대한 여러 조언을 많이 듣는다고 한다.

- **배우고 싶은 점** : 세계 최고의 부자이면서도 겸손한 자세와 늘 독서하는 모습, 그리고 기부 활동을 본받고 싶다.

(3) 멘토 정하기

"이모, 역할 모델이랑 멘토는 뭐가 다른 거야?"

"우와, 아주 날카로운 지적인 걸. 멘토는 현명하고 신뢰할 수 있는 상대로 한 사람의 인생을 이끌어 주는 지혜로운 지도자를 말해. 꿈을 이루고 멋진 인생을 살아가는 데 필요한 본보기가 역할 모델이라면, 멘토는 자신을 이해해 주고 고민을 들어줄 수 있는 상담자이자, 인생의 안내자가 되어줄 수 있어. 물론 멘토도 역할 모델과 비슷한 면이 있지만, 멘토를 정할 때는 실제로 삶에 도움을 줄 수 있도록 가까운 곳에서 만날 수 있거나, 통화를 할 수 있거나, 메일을 주고받을 수 있는 관계면 좋아. 그리고 멘토에도 다양한 유형이 있어. 그래서 멘토를 정할 때는 지금 나에게 가장 부족한 부분이 어떤 부분인지를 깨닫고, 나의 부족한 부분을 채워주고 이끌어 줄 수 있는 사람이 어떤 사람일지를 생각해 봐야 해."

"구체적으로 어떤?"

"지금 나에게 필요한 존재는 나태함에 자극이 되어줄 수 있는 사람인지, 용기가 필요할 때 묵묵히 지켜봐 주고 격려해 줄 수 있는 사람인지, 내 속의 숨은 잠재력을 끌어올려 줄 사람인지, 지식과 지혜를 줄 수 있는 사람인지, 날카롭게 나의 잘못을 지적해 줄 수 있는 사람인지, 이런 것들을 잘 생각해 보고 자신에게 맞는 멘토를 정하라는 말이야."

멘토 정하기 순서

나에게 가장 필요한 멘토는 누구인가?
(내 주변에 있는 인물들을 하나하나 모두 떠올려 보기)

주변 인물 가운데서 나의 가장 부족한 부분이나 장점을
가장 잘 이끌어 줄 수 있는 최적의 인물 정하기

앞으로 멘토와 어떤 방법으로 조언을 구하고,
도움을 받고 싶은지 생각해 보기

멘토를 통해 앞으로 어떻게 성장하고 싶은지 정리하기

예시 멘토 정하기

　나는 지금 별다른 꿈이 없어. 학교 성적도 좋지 않고, 특별히 잘하는 것도 없거든. 언제부턴가 성적이 나쁘면 내가 원하는 것을 할 수 없을 거라는 생각이 들었고, 꿈을 생각할 때마다 성적이 떠올라서 모든 의욕이 사라지고 오히려 우울해지곤 했어. 그런데 얼마 전 내 인생의 전환점이 되어주었다고 할 만한 위인전 한 권을 읽게 되었어. 뒤늦게 깨달음을 얻었다고나 할까.

　고등학교 때까지 학교 성적은 늘 꼴등에서 벗어나지 못했던 인물이 역사와 고전 읽기를 게을리하지 않았던 힘으로 결국 영국의 수상, 노벨문학상 수상 작가, 역사가, 화가 등 세계 최고의 인물이 된 처칠의 이야기가 내 마음을 사로잡았어.

　어릴 때 위인전을 읽을 때는 특별한 느낌을 받지 못했는데, 최근에 다시 읽은 처칠의 이야기는 나의 마음을 움직이는 힘이 되었지.

　나에게 이 책을 추천해 준 사람은 바로 우리 이모야. 이모와는 어릴 때부터 늘 나와 마음이 잘 통했고, 고민이 있을 때도 늘 용기를 주고 슬기롭게 극복할 수 있는 방법도 제시해 주시거든. 우리 이모는 항상 책을 가까이 하면서 늘 책 속의 이야기를 생활 속에서 실천하는 분이야. 나에게 이모는 최고의 멘토라고 할 수 있지. 그리고 앞으로 나는 감동과 깨달음을 주는 좋은 책들도 나의 멘토로 삼기로 했어. 물론 대화를 나눌 수는 없지만 책 속에 담긴 지혜와 깨달음이 내가 힘들 때 힘이 되어주고, 때로는 문제 해결의 방법을 제시해줄 수도 있다고 생각해.

추천도서목록

- 나만의 영웅이 필요해 / 이어령 / 푸른숲주니어
- 세계 리더를 꿈꾸는 어린이들의 생각수첩 / 계림 출판사
- 내 인생을 바꾼 책 / 서현교 / 서울문화사
- 어린이를 위한 파워 스피치 / 김은싱 / 시공주니어
- 열세 살 키라 / 보도 섀퍼 / 을파소
- 어린이가 만날 10년 후 세상 / 공병호 / 녹색지팡이
- 멋진 영리더를 위한 7가지 습관 / 한국리더십센터 엮음 / 청솔
- Who am I? – 나는 내가 만든다 / 최원호, 안광복, 강동길, 정창현, 한채영 / 사계절출판사
- 여자는 힘이 세다 – 세계편 / 유영소 / 교학사
- 여자는 힘이 세다 – 한국편 / 유영소 / 교학사
- 화술왕 단숨에 따라 잡기 / 정민지 / 계림닷컴

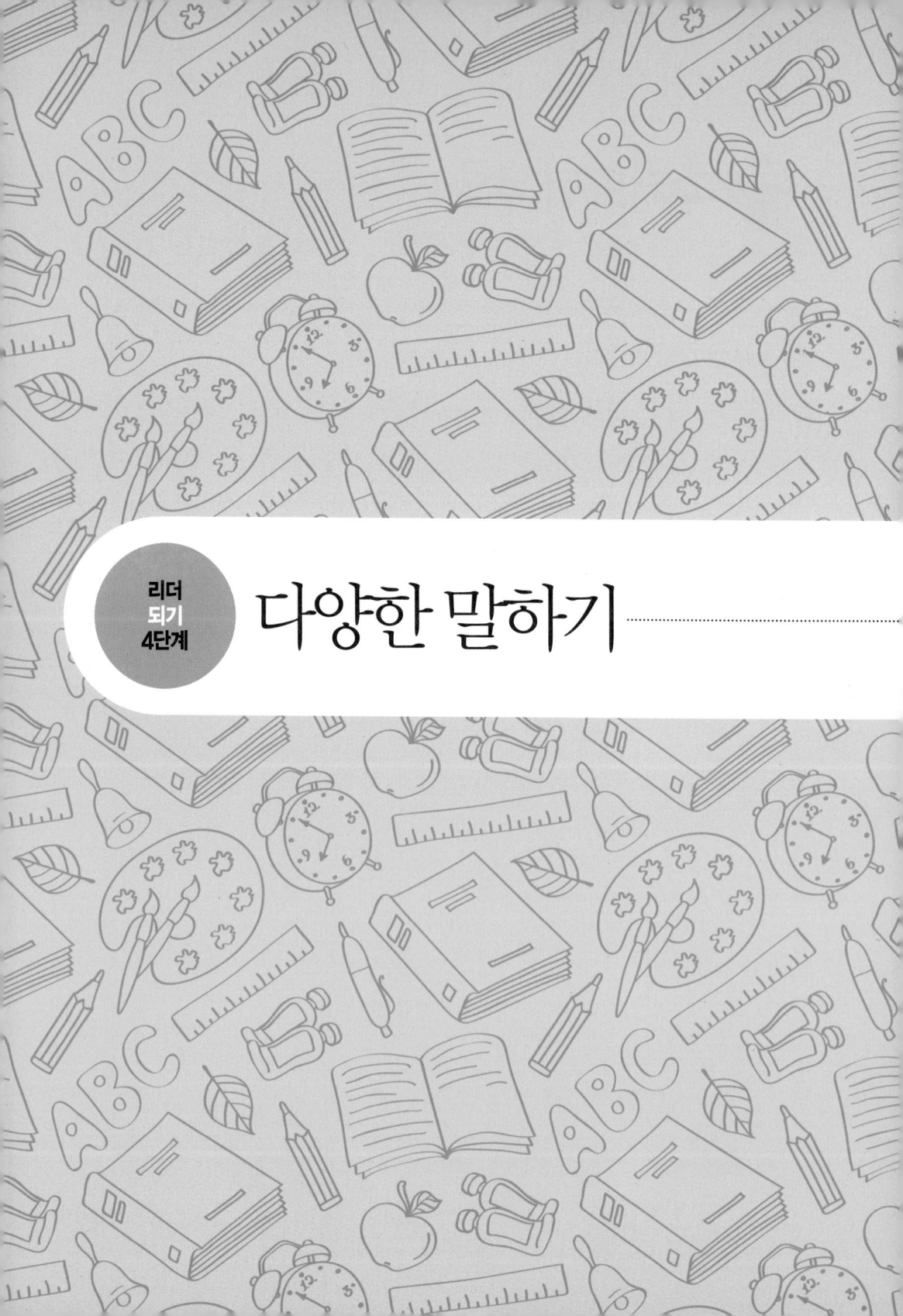

리더 되기 4단계

다양한 말하기

말로 '나'를 폼나게 드러내라!

1 상황별 말하기

"이모, 난 왜 친한 친구들 앞에선 수다쟁이인데, 모르는 여러 사람들 앞에만 서면 다리는 후들후들, 가슴은 콩닥콩닥~ 뛰는 걸까?"

"그러게 말이야. 우리 소심이만 그런 게 아니라 많은 사람들이 대중 앞에서 말하는 걸 어려워하거나 두려워하는 경우가 많아. 시선을 어디에 두어야 할지, 무슨 말을 어디서부터 어떻게 시작해야 할지, 하나에서 열까지 어렵게만 느끼는 사람들이 생각보다 많지. 그러니 우리 소심하신 왕소심의 떨림 증상이야 당연한 거 아니겠어?"

"으이그, 이모 지금 나 놀리는 거야?"

"하하하, 놀리다니 사실이 그렇다는 얘기야. 그런데 많은 사람들이 여러 사람 앞에서 말하는 걸 두려워하는 가장 큰 이유는 부담감 때문일 거야. 따지고 보면 친구들에게 또는 가족들에게 얘기한다고 생각하고 평소처럼 하고 싶은 말을 하면 술술 잘만 나올 텐데, 모두가 자기만 쳐다보고 있다는 생각, 또 멋지게 말해야겠다는 부담감이 뒤죽박죽이 되면서 머릿속이 하얗게 변하고 식은 땀만 흘리게 되는 거야."

"맞아맞아, 근데 이모. 사람들 앞에서 멋지게 말할 수 있는 비결은 없는 거야?"

"없긴 왜 없겠어. 아무리 겁이 많고 말 주변이 없어도 노력 앞에서는 무릎을 꿇게 되어 있다고나 할까. 차근차근 자기에게 맞는 말하기를 연습해간다면 누구든 여러 사람 앞에서 당당하고 자신있게 자기 생각을 말할 수 있을 거야. 지금부터 이모가 말하기의 비법을 전수해 줄 테니 잘 들어."

"알았어. 이모, 지금부터 하나하나 메모하면서 들을게."

"지금까지 앞에서 했던 내용을 한 마디로 요약하자면, 말하기에서 가장 중요한 것은 바로 자신감이야."

"어휴, 답답해. 이모, 자신감이 중요하다는 건 나도 아는데 도대체 그 자신감을 어떻게 가질 수 있는 거냐고?"

"왕소심, 참 성질도 급하셔. 그걸 지금부터 얘기하려는 거야. 자신감을 가지고 말하려면 우선 자기가 잘 아는 이야기부터 시작하는 거야. 자신감은 '말하는 목적, 장소, 대상'에 대해 자신이 아는 만큼 가질 수 있는 거니까. 자신이 어떤 곳에서, 무슨 목적으로, 누구에게 말하는 것인지를 정확하게 아는 것이 가장 먼저 생각해야 할 부분이야."

"아하~, 그 다음은?"

"다음은 말하기의 내용을 구성하는 일이야. 어떤 말로 시작해서 이야기를 어떻게 이어갈 것인지, 마무리는 어떻게 할 것인지, 가능하면 자세하게 구상해 보아야 해. 말하는 목적에 따라 세부적인 내용이 달라질 수는 있지만, 말하는 목적과 대상은 어떤 말하기에서든 아주 중요한 부분이야."

"아직 시도는 안 해봤지만, 이모 덕분에 자신감이 좀 생기는 것 같아."

말 잘하는 비법!

하나, 자신감을 가져라.

둘, 말하는 목적과 장소, 대상을 떠올리며 말하려는 내용을 정리하라.

셋, 자신이 아는 이야기부터 시작하라.

넷, 구체적인 사례를 제시하여 공감대를 형성하라.

(1) 당당하게 자기 소개하기

"왕소심, 이제부터는 이모와 함께 본격적으로 상황에 맞는 말하기 연습을 해볼 거야. 상황에 맞는 말하기 첫 번째는 바로 '자기 소개' 하기야. '자기 소개'는 생각하기에 따라 참 쉬운 주제이면서 어려운 주제이기도 해. 자기 자신을 누구보다 잘 아는 사람이 바로 자기 자신인데도, 막상 자기 소개를 하라고 하면 딱히 이름이나 나이 말고는 무슨 말을 해야 할지 몰라하는 사람들이 많거든."

"맞아, 이모. 나도 자기 소개를 하라고 하면 도대체 무슨 말을 해야 할지 모르겠어."

"그럴 때 일단은 처음에 이모가 얘기했던 말하기 원칙 가운데

어디서!

어떤 목적으로!

누구에게!

하는 말하기인지를 떠올려 봐. 그런 다음에는 어떤 말부터 시작할 것인지를 생각해야 하는데, 이때 자신의 이야기를 지나치게 과장하기보다는 있는 그대로 솔직하게 표현하는 게 중요해. 진실은 어디에서나 통하게 되어 있으니까. 그리고 구체적인 사례를 제시해서 관심을 유도하거나 공감대를 형성하는 것도 중요해. 공감대를 형성하지 못하는 말하기는 일방적인 전달에서 그칠 뿐 특별한 인상과 감동을 줄 수 없어. 말하기는 듣는 사람이 얼마나 관심 있게 들어주느냐에 따라 달라지기도 하잖아. 누군가가 내 얘기를 주의깊게 들어주면 말하는 사람은 힘이 나서 훨씬 더 말을 잘할 수 있게 되어 있어."

"신기하게 이모 얘기를 듣고 있으면 막막하게만 느껴지던 일도 아무 것도 아닌 것처럼 생각이 된단 말이야."

"세상에 어려운 일은 없어. 어렵게 생각하는 마음이 모든 일을 어렵게 만드는 것 뿐이야. 자신이 아는 이야기를 솔직하면서도 진실하게 말하는 연습을 하다 보면 자신감은 자연스럽게 따라오게 돼 있어. 시작도 하기 전에 미리 겁부터 먹으면 반은 실패한 거라는 사실을 명심해."

"이모, 아무리 철저히 준비를 해도 여러 사람 앞에서 떨리는 건 마음대로 잘 안 될 것 같은데, 그건 어떻게 해야 하는 거냐고?"

"하루 아침에 너무 많은 걸 얻으려고 하면 안 되지. 모든 일은 공들인 만큼 이루어지는 거야. 누구나 여러 차례 반복해서 연습하면 서서히 떨림이 사라지고 편안해질 수 있어. 만약 그럼에도 불구하고 쉽게 긴장이 사라지지 않는다면 혼자서 벽이나 거울에 대고 말하기 연습을 해보는 것도 좋은 방법이야. 다음에는 가장 가까운 가족이나 친구들 앞에서 연습을 해보는 거야. 여기서 끝이 아니야. 그보다 더 효과적인 방법은 사람들이 아주 많은 광장이나 지하철 역 근처에서 큰소리로 말하기를 연습하는 것도 자신감과 용기를 주는 데 꽤 효과적인 방법이야. 처음에는 쑥스럽겠지만 이런 정도로 말하기 연습을 해두면 어디서든 자신있게 말할 수 있는 힘을 얻을 수 있어."

"그렇구나. 근데 이모, 머리로는 이해가 되는데 막상 내가 하려고 하면 생각만큼 쉽지 않다는 게 문제야."

"백문이 불여일견이라고 하잖아. 아무리 여러 번 말로 설명을 들어도 실제로 한 번 해 보는 것보다 못한 거야. 소심이 네가 몸소 말하기를 연습해 보는 것보다 좋은 건 없어. 네가 썼던 자기 소개 원고를 가지고 어떻게 하면 효과적으로 멋지게 너를 표현할 수 있을지 문장을 한 줄 한 줄 읽어가면서 연습해 보자. 원고에는 강조하거나 띄어 읽을 부분에 미리 형광펜이나 색깔펜으로 표시를 해두는 게 좋겠지?, 그럼 시작해 볼까?"

예시 왕소심의 자기 소개하는 말하기

안녕하세요. 앞으로 여러분과 한 교실에서 지낼 왕/소/심입니다.

→(가볍게 고개를 숙였다 올린다. 인사를 할 때는 시선을 정면에 두고 반듯하고 정중하게 고개를 숙인 후, 침착하게 자세를 바로잡는다. 이름을 얘기할 때는 또박또박 한 글자씩 힘을 주어 말한다.)

여러분은 '무지개' 하면 무엇이 떠오르시나요?

→(무지개에 힘을 주어 말한다. 질문을 던진 후에는 잠시 약 1~2초 정도 청중의 반응을 살핀 후 다시 말을 이어간다.)

저는 '다양함'이 떠오릅니다. 저는 제 이름만큼 소심한 면이 있습니다. 처음 만나는 사람에게 먼저 말을 건네는 것도 쑥스러워하고, 사람들이 무심코 하는 말에 쉽게 상처를 받기도 합니다. 하지만 이런 소심한 면과 함께 마음 속에 무지개처럼 다양한 색깔을 감추고 있답니다.

제가 가지고 있는 색은 우선 초록색입니다. 저는 신선하고 생기 있는 초록색처럼 통통 튀는 창의력을 지닌 아이디어 뱅크입니다. 제 특기는 멋진 카드 만들기인데 제 카드는 기존의 카드와 달리 새롭고 신선한 디자인으로 많은 칭찬을 받습니다. 이런 모습은 초록색과 닮은꼴이라고 볼 수 있습니다.

또 저는 주황색의 모습도 가지고 있습니다. 주황색은 사람들에게 따뜻한 인상을 줍니다. 저 또한 주황색처럼 따뜻한 마음을 가지고 있습니다.

→(두 팔을 가슴에 모아 끌어안듯이 하며) 외롭고 소외된 이웃을 찾아가 기쁘게 해 주는 것이 제 희망이기도 합니다. 그뿐만 아니라 주변 사람들에게는 늘 다정다감하게 대해 따뜻한 마음을 가진 사람이라는 평을 받고 있답니다.

마지막으로 저를 표현할 색은 <u>노란색</u>입니다. 수줍은 소녀 같은 노란색처럼 저는 수줍음이 많습니다. 그래서 처음 만난 사람들과 친해지기 쉽지 않죠. 하지만 올해는 많은 친구들과 친해지기 위해 적극적으로 다가가는 열정적인 모습을 보이려고 합니다. 수줍은 노란색이 열성적인 <u>빨간색</u>이 되어가는 과정을 기대해 주세요.

→(활짝 웃는 모습으로 빨간색을 강조하여 말한다. 말을 마친 후에는 반듯한 자세로 인사를 하고 퇴장한다.)

자기 소개하는 말하기 비법

1. 다른 색으로 표시된 부분은 강조해서 읽는다.
2. 중간중간 말의 내용과 어울리는 표정과 몸짓을 나타낸다.
3. 시선을 한곳에만 두지 않고 여러 사람을 자연스럽게 둘러보며 말한다.
4. 인상적인 자기 소개를 위해 무지개 무늬가 들어간 소품을 준비하는 것도 좋다.

(2) 호소력 있게 회장 선거 연설하기

"소심아, '자기 소개' 하는 말하기와 연설의 차이가 뭘까?"

"음... 자기 소개는 자기를 멋지게 소개하기만 해도 되지만, 연설은 사람들의 마음을 움직여서 내 편으로 만드는 것!"

"맞아, 사람들 앞에서 말하기라는 공통점이 있지만 자기 소개는 단순히 자신을 알리는 게 목적이라면, 연설은 말하는 이가 이야기를 듣는 여러 사람들의 마음을 설득해서 자신의 의견에 동의하도록 마음을 얻어야 한다는 점이 가장 큰 차이라고 할 수 있어. 여기서 짤막한 팁을 하나 주자면, 말을 잘 하는 사람들은 평소에 자신이 어떤 장소에 갔을 때든 좋은 생각이 떠오르거나 재미난 이야기를 들으면 놓치지 않고 메모하는 습관을 가지고 있다는 점도 기억해 두렴."

"명심할게 이모, 이제 어떻게 하면 이 소심이가 회장선거에 나가서 연설을 잘할 수 있을지 좀 빨리 얘기해 줘."

"연설을 하는 사람을 연사라고 하는 건 알고 있지?, 다시 한 번 강조하지만 연설 역시 연사가 연설을 하기 전에 준비해야 할 사항들이 있어. 다른 말하기에서와 같이 어떤 목적의 말하기를 할 것인지부터 점검하는 거야. 우리 소심이는 학교에서 회장 선거 후보로 나가 자신을 뽑아 달라는 것이 목적인 거겠지?, 다음은 연설의 주제는 무엇인지야. 소심이는 네가 앞으로 회장이 된다면 친구들과 학교를 위해 어떻게 하겠다는 약속, 즉 공약이 바로 이 연설의 주제라고 할 수 있어. 그리고 청중이 어떤 사람들인지도 고려해야 해. 당연히 소심이의 청중은 많은 친구들과 선생님들이겠지. 또 하나 연설을 할 시간은 어느 정도인지 따져보아야 해. 정해진 시간에 맞게 적절한 분량을 준비해

다양한 말하기 **149**

야 하니까. 마지막으로 **장소**는 어떤 곳인지를 알아야 해. 교실인지, 넓은 운동장인지, 사람들이 많은 실내 강당인지를 정확하게 알아야 장소에 어울리는 내용이나 소품들을 준비할 수 있거든."

"이모가 얘기해준 대로 준비만 제대로 한다면 정말 겁날 게 없을 것 같아."

"당연하지. 연설은 여러 사람 앞에서 하는 말하기이니까 여러 사람 앞에서 떨거나 실수하지 않도록 충분한 연습이 필요해. 연습하는 장소는 실제로 자신이 연설을 하게 될 장소가 가장 좋겠지만 상황이 허락되지 않는다면 어디서든 자신이 그 장소에 있다는 상상을 하면서 연습하면 돼. 그리고 자신의 말하는 모습을 카메라로 녹화해서 보면서 점검해 본다면 더 완벽한 말하기를 준비할 수 있겠지?"

"연습만 하는 데서 끝나는 게 아니라 연습한 내용을 녹화해서 점검까지! 우와, 이거 완전히 말하기 달인도 되겠어. 이모~"

"맞아. 녹화한 내용을 다시 볼 때는 말할 때 자신의 장점과 단점을 잘 살펴봐야 해. 그리고 자신이 가장 말을 잘 한다고 생각하는 사람, 본받고 싶은 사람의 말하기의 특징을 잘 살펴서 그 사람을 본보기로 연습해 보는 것도 좋아. 자, 연설하는 말하기에 대한 강연은 여기까지!"

예시 왕소심의 연설하는 말하기

여러분 안녕하십니까. 뿌잉뿌잉 왕/소/심입니다.

→(가볍게 고개를 숙였다 올린다. 인사를 할 때는 시선을 정면에 두고 반듯하고 정중하게 고개를 숙인 후, 침착하게 자세를 바로잡는다. 이름을 얘기할 때는 또박또박 한 글자씩 힘을 주어 말한다.)

→(뿌잉뿌잉을 강조하며 말한다. 특히 이때 가볍게 주먹 쥔 두 손을 볼 위로 올려 부드럽게 두 바퀴 정도 돌리며 귀여운 표정을 짓는다. 이때는 스마일 그림을 소품으로 활용해도 좋다. 소품을 활용하는 방법은 다양하다. 얼굴 가면 형태로 만들어 쓰고 나왔다가 인사 후 가면을 벗고 본격적인 연설에 들어가도 좋고, 작은 막대 사탕 모양의 소품으로 손에 들고 필요할 때마다 들고 흔들어 주어도 시선을 집중시키기에 좋다.)

조금 유치하긴 하지만 여러분은 지금 제 뿌잉뿌잉을 듣고 웃음을 보였습니다. 이런 것을 해피바이러스라고 합니다. 순식간에 퍼지는 전염병과 같이 해피바이러스 또한 순식간에 전염됩니다. 저는 여러분에게 해피바이러스를 퍼뜨리는 주사가 되어 항상 우리 학교에 웃음이 가득할 수 있도록 노력하겠습니다. 이 예방접종은 조금도 비싸지 않습니다. 여러분의 작은 한 표면 충분합니다.

저에게는 여러분의 한 표가 그 무엇보다 값집니다. 그 값진 표를 저에게 주신다면 우리 학교를 위해 노력하는 5장이 되도록 하겠습니다. 5장이란 5가지 색깔을 가진 회장이라는 뜻입니다.

→(5장을 말할 때는 또박또박 큰소리로 말한다. 쫙 편 손가락을 높이 들고 다섯을 강조해 주어도 좋다. 또는 손가락 모양의 소품을 막대 사탕 모양으로 만들어 활용해도 좋다.)

첫째, 모든 일에 솔선수범하는 '봉사 회장'이 되겠습니다.

둘째, 누구에게나 공정한 '공정 회장'이 되겠습니다.

셋째, 잘난 척하지 않는 '겸손 회장'이 되겠습니다.

넷째, 웃음꽃이 피는 반으로 만드는 '재치 회장'이 되겠습니다.

다섯째, 모든 친구들에게 먼저 다가가는 '적극 회장'이 되겠습니다.

→ (첫째, 둘째, 셋째, 넷째, 다섯째 항목을 강조해서 읽는다. 항목마다 힘을 주어 끊어 읽는다.)

여러분의 소중한 표 하나하나를 모아 우리 반을 웃음꽃이 피는 반으로 만들겠습니다. 그러니까 저에게 표를 주지 않으면 아니 아니 아니 되오!

→ (아니 아니 아니 되오!~ 와 같은 유행어를 적절히 활용하여 웃음으로 마무리하는 것도 좋다. 이때는 검지 손가락을 펴고 좌우로 흔들며 아니라는 몸짓을 흉내내어 해주는 게 좋다.)

이상 뿌잉뿌잉 해피바이러스 왕소심이었습니다. 감사합니다.

→ (맨 처음 연설을 시작할 때처럼 뿌잉뿌잉을 강조해서 몸짓과 함께 마무리한다. 정중하게 인사한 후 퇴장한다.)

연설하는 말하기 비법

① 연설을 시작할 때 연설 내용과 어울리는 효과적인 방법으로 다양하게 사람들의 시선을 끌 것

② 가능하면 문장을 짧게 하고, 발음을 또박또박 해서 말하고자 하는 바를 분명하게 드러낼 것

③ 자신감 있는 말투와 적절한 목소리, 반듯한 자세로 당당하게 표현할 것

④ 청중들의 시선을 집중시킬 수 있는 소품과 몸짓을 적절하게 활용할 것

⑤ 마지막에 주제를 다시 한 번 강조할 것

(3) 설득력 있게 토의, 토론하기

"소심아, 말하기는 목적에 따라 많은 종류가 있다는 건 알고 있지?"

"예를 들면?"

"좀 전에 했던 자기 소개하는 말하기나 연설하기, 뉴스나 정보를 전달하는 말하기, 즐거움을 주기 위한 말하기, 상대방을 설득하는 말하기 같은 것들이 있지."

"아, 정말 그러네."

"이번에는 설득을 위한 말하기로 들어가 볼까?, 설득을 위한 말하기의 대표적인 예가 뭐가 있을까?"

"설득? 음, 부모님께 용돈 받고 싶을 때 하는 말하기."

"맞아, 그것도 설득하는 말하기야. 또?"

"외식하고 싶을 때 내가 먹고 싶은 걸로 정하자고 얘기하는 거."

"맞아, 그것도 설득하는 말하기야. 또?"

"또? 글쎄, 아주 많은 것 같아."

"그래, 가게에서 물건을 살 때 값을 흥정하는 것도 일종의 설득이 될 수 있고, 누군가를 내 편으로 만들 때도 설득하는 말하기가 필요해. 설득하는 말하기는 우리가 일상에서 아주 흔히 하는 말하기이고, 설득을 잘하는 사람이 정말 말을 잘하는 사람이라는 얘기를 하기도 해."

"생각해 보니 정말 그렇네."

"설득하는 말하기 가운데 대표적인 게 바로 토의·토론이라고 할 수 있는데, 토의·토론이야말로 상대방을 어떻게 설득해서 자신의 의견을 강하게 내세우느냐가 관건이지. 자, 그럼 이번에는 토의·토론하는 말하기의 비법에 대해 정리해 보자."

"좋아, 이모."

"토의·토론을 잘하려면 뭐가 가장 중요할까?"

"우리 반 애들을 보면 토론을 잘하는 친구들은 목소리도 크고 자신감이 넘치는 것 같아."

"맞아, 목소리가 크고 자신감이 넘치는 건 자신의 생각을 말로 표현할 때 전달력을 높일 수 있는 좋은 방법이지. 하지만 그것만으로 토의나 토론을 잘하기는 어려워. 토의·토론을 잘하기 위해서는 우선 토론이나 토의가 무엇인지부터 제대로 이해해야 해. 우선 토의와 토론의 차이부터 살펴보자. 토의는 여러 의견 가운데 최선의 선택을 위한 말하기의 장이야. 주어진 주제에 대해 서로 자신이 가진 지식이나 정보 등을 교환하면서 합리적인 결론을 찾아가는 과정인 거지. 그런가 하면 토론은 찬성과 반대로 팀을 나누어 대립적인 사고를 통해 주제에 대한 대안을 제시하는 말하기야. 예를 들어 학급 회의 시간에 '어떤 방법으로 짝을 정할까?', 또는 '학교 급식 순서를 어떻게 정해야 할까?'와 같은 주제로 바람직한 해결책을 찾아가는 과정은 '토의'가 되는 거야. 그런데 이런 과정에서 '키 순서대로 앉아야 한다' 또는 '좋아하는 사람끼리 앉아야 한다'와 같이 하나의 주제에 대해 찬성과 반대로 의견이 나뉘어 상대방을 설득시키는 말하기는 '토론'이야."

"이모, 그런데 가끔 텔레비전에서 보면 토론 프로그램에서 국회의원 아저씨들이 목소리 높여가면서 싸우는 것 같을 때가 있어."

"그건 토의·토론에 대한 제대로 된 이해가 부족하기 때문이라고 봐. 토의나 토론은 설득의 힘으로 상대의 마음을 움직이는 것이지, 상대방을 비방하거나 궁지로 몰아넣기 위한 말싸움이 아니라는 점을 명심해야 해. 그리고 토의나 토론의 목적은 상대를 이기기 위한 것이 아니라 논제에 대한 가장 좋은 문제 해결 방안을 마련하는 것이라는 점도 잊어서는 안 되겠지?"

"우와, 이모 멋진 걸. 토의, 토론이 그런 거였구나. 솔직히 말하면 나도 토론은 무조건 상대팀을 이기는 말싸움이라고만 생각했는데, 이렇게 깊은 뜻이 있는 줄 몰랐는 걸."

"좋아, 잘 이해했다면 다음 설명으로 들어갈게. 토의·토론에서 중요한 것은 논리적인 근거를 토대로 상대를 설득하는 일이야. 막무가내로 우기거나 목소리가 크다고 해서 토론을 잘하는 것은 아니라는 점을 명심해. 누구나 들었을 때 그럴 듯하다고 받아들일만한 명분이 있는 근거를 제시해야 해. 이때는 구체적인 사례나 객관적인 자료를 통해 공감대를 형성하는 것도 효과적인 방법이야. 단, 구체적인 사례를 제시할 때 주의할 점은 지나치게 단편적인 사례를 들어서 마치 전체를 대변하는 듯한 느낌을 주어서는 안 된다는 점도 기억해야 해."

"구체적인 예를 드는 거라면 나도 잘할 수 있을 것 같아."

"여기서 끝이 아니지. 다음은 상대의 주장은 전혀 받아들이지 않으면서 자신의 주장만 옳다는 식의 말하기 또한 설득력을 떨어뜨릴 수 있으니 주의해야 해. 상대방의 의견에 대해 충분한 공감이 이루어진 후에, 그럼에도 불구하고 논리에 어긋나는 부분과 부적절한 부분을 짚어내야겠지? 그리고 한 가지 더! 모든 말하기에서 중요하지만 특히 토의나 토론에서 유의해야 할 점이 있는데, 그건 바로 상대방의 말에 귀기울여 듣는 것이야. 상대의 의견에 귀를 기울이는 것은 말하기의 가장 기본적인 예절이면서, 상대의 의견 가운데 논리적으로 어긋나는 부분이나 허점을 찾아내는 효과적인 방법이기도 하지. 귀기울여 듣지 않고서는 절대 논리적인 반박을 할 수 없을 테니까."

"잘 듣고, 많이 생각하고, 자료를 열심히 찾아서 정리하고, 그러면 되는 거네."

"그렇지. 우리 왕소심 양이 나날이 발전하는 걸. 그럼 본격적으로 실전에 강한 토론자가 되기 위해서 필요한 내공 쌓기에 들어가 볼까? 먼저 토론을 잘하기 위해서는 평소에 생각의 힘을 키우는 게 중요해. 어떤 문제에 대해 자기만의 기준으로 판단하고 그렇게 생각하는 이유에 대해 정리하다 보면 논리적인 힘이 자라게 되거든. 생각의 힘을 평소에 잘 길러두면 그 다음은 토론의 절차에 맞게 생각을 다듬고 정리만 하면 되는 거야. 지금부터 이모가 체계적인 토론 준비 절차에 대해 알려줄 테니 따라해 보렴. 우선 토론은 크게 주장 펼치기, 반박하기, 주장 다지기로 나누어 준비하면 되는데, 실전 토론을 3단계로 나누어서 각 단계에 맞게 내용을 생성하는 법을 알려줄게."

"이모, 그럼 주장 펼치기부터 어떤 내용이 들어가는지 알려줘."

"그래, 주장 펼치기는 입론이라고도 하는데 여기서는 토론하고자 하는 주제의 핵심 개념에 대한 뜻풀이가 우선이야. 그리고 그 논제가 나오게 된 배경이나, 문제에 대한 분석 내용을 밝히는 거야. 그리고 무엇이 논란의 핵심이 되는 문제인지 가장 핵심이 되는 필수 쟁점을 이야기한 다음, 논제에 대한 해결 방안을 제시하는 것으로 마무리하면 돼."

"2단계 반박하기는?"

"반박하기는 우선 찬성측이 제시한 개념의 뜻풀이나 배경 등의 문제점에 대해 이야기하는 거야. 그리고 핵심이 되는 쟁점을 평가해 보고, 논리적인 타당성 여부를 검토해 보아야 해. 그래서 논리적인 헛점이나 문제점을 밝히고 더 나은 대체 방안을 제시하는 것으로 정리하면 돼."

"마지막 3단계는?"

"실전 토론 3단계는 주장 다지기야. 최종 변론이라고도 하지. 주장 다지기는 토론의 기세를 역전시킬 수 있는 기회이기도 해. 주장 다지기에서 주의할 점은 주장 펼치기나 반박하기에서 했던 내용을 단순 반복하는 것은 의미가 없다는 거야. 토론의 전체 흐름을 다시 정리하면서 입장을 다지는 말하기라는 점을 염두해 둘 필요가 있어. 여기서 주의할 점은 새로운 논증이나 반론은 주장 다지기에서는 허용되지 않는다는 점이야. 이때는 강한 인상을 줄 수 있는 명언이나 속담과 같은 문구를 활용해서 주장을 확실하게 각인시켜 주는 것으로 마무리하는 게 좋아."

실전 토론 3단계로 정리하기

❶ 주장 펼치기(입론)

- 개념에 대한 뜻풀이와 논제의 배경, 문제 분석하기
- 필수 쟁점 말하기
- 논제에 대한 해결 방안 제시하기

❷ 반박하기(반론 펼치기, 교차조사)

- 찬성 입장이 주장 펼치기에서 제시한 문제점 이야기하기
- 필수 쟁점 평가, 문제점, 대체 방안 제시하기

❸ 주장 다지기(최종 변론)

- 강렬하면서도 인상적인 문구를 활용하여 입장을 강하게 마무리하기

"야, 실전 토론이 이렇게 간단하게 3단계로 끝나다니. 그런데 이모가 얘기를 하면 뭐든 쉽게 들리지만 막상 혼자서 해보려고 하면 어렵다는 게 문제야."

"어렵다는 생각을 버리고 차근차근 무엇을 먼저 해야 할지 순서를 정해 보는 거야. 그런 다음에는 순서에 따라 하나하나 내용을 채워가면 되는 거고. 이번에는 실전 토론을 위한 준비 과정을 3단계로 정리해 보자."

"토론 준비 1단계는 뭔데?"

"토론 준비 1단계는 먼저 각 단계에 맞는 내용을 생성하기 위한 자료 수집이야. 운동 선수들이 본격적인 시합에 앞서 반드시 해야 하는 준비 운동처럼 토론의 준비 운동은 바로 자료 조사라고 볼 수 있어. 자료 조사는 논제에 대한 배경 지식이 되는 거니까. 자료 조사가 충분히 잘 되어 있으면 누군가 뒤에서 나를 받쳐주고 있는 것처럼 든든할 거야."

"토론 준비 1단계는 자료 수집, 그럼 2단계는?"

"바쁘시네요. 왕소심 씨. 자료 수집을 어떻게 할지에 대해서도 생각해 봐야 해. 자료는 신문이나 뉴스, 그리고 인터넷 자료, 설문 조사, 관련된 도서, 전문가 인터뷰, 그리고 경험 같은 것들이 모두 배경 지식이 될 수 있고, 토론의 기초 자료가 될 수 있어. 가능하면 다양한 자료를 폭넓게 준비하는 게 유리하겠지?"

"난 인터넷만 생각했는데 생각해 보니 자료의 종류도 무진장 많네."

"다양한 자료를 수집하면 토론의 깊이는 물론이고 사용하는 어휘의 수준도 높아지고, 훨씬 더 질높은 토론이 이루어질 수 있는 거야. 자, 그럼 토론 준비 2단계야. 2단계는 수집한 자료의 취사 선택이야. 다양한 매체를 통해서 수집한 자료를 제대로 활용하기 위해서는 출처가 분명하지 않거나 타당성이 떨어지는 자료, 주제와 관련성이 떨어지는 자료, 또는 중복된 자료는 과감하게 버려야 해. 잘못된 자료는 오히려 토론의 질을 떨어뜨리거나 입장을 불리하게 만들 수도 있거든. 게다가 토론은 입장이 미리 정해지지 않은 경우가 많아. 찬성과 반대가 현장에서 바로 정해지기 때문에 찬성 입장에 서게 될지 반대 입장에 서게 될지 예측할 수 없는 거야. 그러니 토론 준비 단계에서부터 양측의 입장을 모두 꼼꼼하게 정리해 두어야 해. 그래서 자료를 수집하고 취사 선택을 하는 단계에서 찬성 입장에 필요한 자료인지, 반대 입장에 필요한 자료인지를 구분해 둘 필요가 있어. 그리고 하나의 자료가 여러 장에 걸쳐 있는 경우에는 나중에 뒤섞여서 정작 필요할 때 제대로 활용하지 못하는 수가 있어. 그러니 자료를 활용한 순서까지 미리 정리해 두는 것도 요령이야. 주장 펼치기에 필요한 내용인지, 반박하기에 유용한 자료인지, 마지막 주장 다지기에서 활용할 자료인지 나누어 두는 게 좋아. 참고로 자료들마다 최대한 어디에 나오는 내용인지 그 출처를 정확히 해두는 게 좋아. 출처가 정확하면 자료에 대한 믿음을 주거든."

"우와, 어마어마하다."

"벌써 지치면 안 돼. 마지막 3단계가 남아 있잖아. 토론 준비 3단계는 요약하기야. 아무리 열심히 자료를 찾고, 충분히 정리했다고 해도 실전에서 활용하지 못하면 제대로 된 자료라고 볼 수 없어. 앞에서 했던 작업들에 빛을 발하게 해주는 작업이 바로 핵심 사항을 요약하는 것이야. 토론은 시간과 공간의 제약이 있는 말하기야. 그래서 핵심을 요약하는 작업이야말로 토론을 성공적으로 이끄는 지름길이라고 할 수 있어. 자료를 요약하는 과정에서 논제에 대해서 다시 한 번 생각해 볼 수도 있고, 논제를 자연스럽게 자기 것으로 익힐 수도 있지."

토론 준비 3단계로 정리하기

① 토론 주제에 맞는 자료 수집하기

인터넷, 도서, 신문, 전문가 인터뷰 등 다양한 방법으로 폭넓은 자료 수집하기

② 필요한 자료 취사 선택하기

- 찬성측과 반대측 자료 각각 분류하여 정리하기
- 하나의 자료가 여러 장인 경우 한데 묶고 활용할 순서 정리하기
- 자료에 대한 출처를 정확히 하기

③ 요약하기

핵심 요약으로 활용도 높이기

"소심아, 어떠니? 실전 토론, 그리고 토론 준비 3단계까지 어딘지 꽉 찬 느낌이 들지 않니?"

"지금 당장이라도 토론 대회 나가면 잘 할 수 있을 것 같아."

"좋아. 하지만 언제나 마무리가 중요한 법. 실제로 토론에 필요한 자료나 절차에 대해서는 준비가 끝났지만 정작 토론에서 말하는 형식을 제대로 갖추지 않으면 좋은 인상을 주기 어려워. 지금부터는 간단하게 토론을 할 때는 어떤 형식으로 말하기를 하는 게 좋은지 알려줄게."

"네. 이모."

"토론할 때 가장 많이 활용하는 표현이 "왜냐하면 ~하기 때문입니다."야. 그리고 " ~하기 때문에 ~해야 합니다. " 혹은 "그 이유(근거)는 다음과 같습니다. 첫째 ~때문입니다. 둘째, ~때문입니다."와 같은 형식으로 분명하게 근거를 제시하는 표현도 자주 쓰는 표현이지. 반박하기에서 자주 쓰는 표현으로는 "저는 ~의 의견과 반대의 생각을 가지고 있는데 그 이유는 ~때문입니다."나 " ~의 의견은 ~인 점에서 옳지 않습니다.", "~의 의견에는 ~~한 문제점이 있습니다." 정도가 적당해. 그리고 교차 조사를 통해 질문을 할 때는 " ~토론자께서는 왜 그렇게 생각하는지 좀 더 자세히 설명해 주시겠습니까?"라거나 "~ 토론자의 의견 가운데 ~부분은 ~ 의문점이 있는데 그것에 대해서는 어떻게 생각하십니까?"와 같은 표현을 통해 정중하면서도 분명하게 말하는 게 좋아."

"토론에도 형식이 중요한 거였네."

"물론이지. 그리고 토론은 팀을 이루어 참여하는 것이기 때문에 어느 한 사람에게 역할이 집중되는 것 보다는 구성원이 고르게 참여하는 게 좋아. 말을 잘한다는 이유로 주장 펼치기와 반박하기 주장 다지기까지 한 사람이 모두 맡아서 하는 건 좋지 않아. 주장 펼지기와 주장 다지기의 역할을 각각 나누어서 참여하는 게 팀원 간의 고른 수준과 조화를 보여주는 방법이야."

"그렇구나, 난 무조건 잘하는 사람이 맡아서 하는 게 좋다고 생각했는데."

"그리고 토론이 진행되는 동안, 다양한 보조 자료를 적절하게 활용하는 것도 도움이 될 수 있어. 예를 들면 그래프나 도표를 크게 출력해서 증거 자료로 제시한다거나, 사진 자료를 직접 보여준다거나 하면 훨씬 더 근거에 대한 믿음을 높여줄 수 있지."

토론의 완성도를 높여주는 TIP

① 토론하는 말하기 형식
예의를 갖추어 높임말 사용하기

② 구성원 고르게 참여하기
한 사람에게 역할이 집중되지 않도록 각각 역할을 나누어 적절하게 참여하기

③ 시각적인 보조자료 활용하기
도표나 그래프, 사진 자료 보여주기

(4) 정확하고 인상적인 프레젠테이션하기

"토론하는 말하기에 이어 이번에는 정보 전달하는 말하기에 대해 알아보려고 해. 정보를 전달하는 말하기 가운데서도 프레젠테이션에 대해 정리해 볼 거야. 요즘은 많은 사람들 앞에서 자기를 소개한다거나 정보를 전달해야 하는 일들이 많아. 학생들도 그렇고 직장인인들도 그렇고. 프레젠테이션으로 과제물을 만들어 발표도 하고, 사업 설명회도 하고, 업무 보고도 하고 말이야. 프레젠테이션은 처음에는 광고회사에서 광고주에게 제출하던 광고 계획서를 이르는 말이었어. 그런데 요즘은 의미가 확대되어 자신의 생각을 밝히는 모든 행위를 아우르는 표현이 되었지."

"프레젠테이션이 그런 거였구나. 요즘은 우리도 학교에서 프레젠테이션을 많이 하는데 쉽지 않아, 이모."

"프레젠테이션 역시 3단계 공식으로 알기 쉽게 설명해 줄 테니, 잘 기억해 둬. 프레젠테이션의 구성, 프레젠테이션 발표 자료 만들기, 발표하는 방법을 각각 3단계로 정리해 줄게."

"모두 3단계로? 어떻게 그게 가능한 거야?"

"생각을 정리해서 구조화시켜 보면 아무리 어려운 일도 실마리가 하나씩 풀리게 되어 있지."

"어쩐지 이모 얘기를 들으면 머릿속이 잘 정리가 되면서 아주 쉽게 따라해 볼 수 있을 것 같단 말야."

"그렇지? 먼저 프레젠테이션의 구성부터 시작해 보자. 프레젠테이션은 주제와 발표 자료, 발표로 이루어져 있는데, 첫 번째 주제는 자신이 발표한 부분에 대해 정확하게 알고 있어야 한다는 거야. 어떤 사람들을 대상으로, 어디에서, 어떤 이유로 프레젠테이션을 하는지 주제를 정확하게 파악하고 있어야 일관성 있고 의미있는 프레젠테이션이 될 수 있어. 두 번째는 주제를 효과적으로 표현할 수 있는 다양한 발표 자료를 준비하는 거야. 똑같은 재료를 가지고도 어떤 양념을 넣느냐에 따라 음식의 맛이 전혀 달라질 수 있는 것처럼 똑같은 주제를 가지고도 어떤 자료를 활용하느냐에 따라 프레젠테이션의 깊이와 효과가 달라질 수 있어. 프레젠테이션의 마지막 세 번째 구성 요소는 듣는 이들에게 발표 자료를 잘 활용해서 정확하게 전달하는 발표야. 아무리 좋은 내용으로 완벽한 프레젠테이션 자료를 준비했다고 해도 프레젠테이션의 꽃은 바로 발표라고 할 수 있어. 발표까지 완벽하게 잘 마무리해야 비로소 프레젠테이션을 잘 했다고 할 수 있는 거야."

프레젠테이션 구성 3단계로 이해하기

① 주제 이해하기

어떤 사람들을 대상으로, 어디에서, 어떤 이유로 프레젠테이션을 하는지 주제를 정확하게 파악하고 있어야 한다.

② 발표 자료 구성하기

주제를 효과적으로 드러낼 수 있는 다양하고 적절한 자료여야 한다.

③ 발표하기

준비한 발표 자료를 잘 활용하여 정확하게 자신의 의사를 전달할 수 있도록 한다.

"이번에는 2단계 프레젠테이션 발표 자료 만들기야. 프레젠테이션에 필요한 발표 자료를 만들 때는 자신의 생각을 시각화 할 수 있는 자료를 활용하는 게 효과적이야."

"예를 들면?"

"시각화 할 수 있는 자료들로는 도형이나 그래프, 통계 자료, 사진 같은 것들이 있는데, 시각 자료를 잘 활용하면 듣는 이들의 이해를 높일 수 있어."

"다음은?"

"다음은 자료를 구성하는 방법이야. 자료를 구성할 때는 내용의 흐름을 체계적으로 잘 정리하면서 모든 자료가 주제와 관련될 수 있도록 일관성을 유지해야 해."

"근데 이모, 모든 자료가 주제와 잘 연관될 수 있도록 일관성을 유지하는 특별한 비법은 없을까?"

"일관성을 유지하려면 먼저 어떤 흐름으로 자료를 정리할 것인지를 정해야 해. 시간의 흐름에 따라 정리할 것인지, 공간의 이동에 따라 정리할 것인지, 아니면 원인과 결과에 따라 정리할 것인지, 문제 제기와 해결 방법에 따라 정리할 것인지를 정하는 거야.."

"어떤 흐름으로 자료를 정할 것인지 정한 다음엔?"

"그런 다음에는 설계도를 그리거나 개요표를 작성해 보면 좋아. 일종의 자료를 배열하는 순서를 정하는 일인데, 모든 책이나 글은 순서와 흐름이라는 게 있잖아. 프레젠테이션도 마찬가지야. 책으로 생각하면 목차를 정하는 일이야. 순서 없이 뒤죽박죽인 자료를 흐름에 따라 어떤 순서로 정리할 것인지가 내용의 전달력을 좌우하거든."

"아하, 그렇구나."

"프레젠테이션 발표 자료 만들기 마지막은 하나의 자료에는 하나의 주제만을 담아서 설명한 내용을 정확하게 요약해야 한다는 점이야. 하나의 자료에 여러 주제를 담아내려다 보면 일관성을 유지하기 어렵고 명확하고 분명하게 의사 전달을 하기가 어려워지거든. '지나치면 부족한 것보다 못하다'는 말이 있어. 아무리 좋은 것도 넘치면 오히려 효과가 떨어지고, 좋지 않다는 얘기야. 프레젠테이션은 그 어떤 말하기보다 핵심을 명확하게 정리하는 게 효과적이야. 너무 많은 내용을 담으려다 보면 듣는 사람들을 지루하게 만들 수도 있고, 전달하고자 하는 내용이 분명하게 드러나지 않는 경우가 있어. 말하기에서 중요한 것은 말을 하는 자신보다 듣는 사람의 입장에서 생각해 보는 게 좋아. 모든 말하기는 사람들과의 소통이 목적이기 때문에 여러 사람의 마음을 읽는 게 중요하거든."

프레젠테이션 발표 자료 만들기 3단계

❶ 시각 자료 만들기
자신의 생각을 시각화 할 수 있는 다양한 도표나 그래프, 사진 자료를 준비한다.

❷ 자료를 흐름이 있게 정리하기
주제를 효과적으로 드러낼 수 있도록 일관된 흐름에 따라 자료를 정리하고 순서를 정해 배열한다.

❸ 하나의 자료에 하나의 주제만 남아 설명 정확하게 요약하기
말하고자 하는 바를 명확하게 하기 위해서는 하나의 자료에는 하나의 주제만 담아 설명을 알기 쉽게 요약해야 한다.

"계속해서 3단계 발표하는 방법으로 들어가 보자. 프레젠테이션의 꽃은 다름 아닌 발표라고 했지?, 열심히 준비한 자료를 더 빛나게 만들기 위해서는 발표하는 방법을 알아야 해. 프레젠테이션을 할 때는 우선 발표를 시작하자마자 듣는 사람들에게 프레젠테이션의 목적과 주제에 대해 소개하면서, 흥미를 유도하는 게 첫 번째 과제야. 흥미를 끌게 하는 방법에는 여러 가지가 있겠지. 작은 소품을 활용해 볼 수도 있고, 표정이나 몸짓으로 보여줄 수도 있어. 어디까지나 각자 개성에 맞게, 그러나 상황이나 장소에 맞게 주제를 잘 드러낼 수 있도록 흥미를 유도하는 게 관건이야. 아무리 흥미를 끄는 좋은 아이디어라 해도 상황이나 분위기에 어울리지 않는다면 피해야겠지."

"일단 시작부터 흥미를 불러일으키는 게 중요하단 거지?"

"그렇지. 그리고 주제 설명으로 흥미를 유도한 다음에는 가볍게 발표할 내용과 순서를 알려주어야 해. 듣는 사람들에게 준비한 발표 내용에 대해 자세히 소개해 주는 단계야. 다음에 나올 내용에 대해 미리 예측해 보고 계획할 수 있도록 여지를 주는 과정이기도 하지."

"다음은?"

"이제 마무리 단계야. 발표가 마무리되는 결론 단계에서는 발표 내용의 핵심을 요약하고 반복하면서 다시 한 번 주제를 강조해 주면서 마무리하면 되는 거야."

"이제 끝?"

"단계별로 프레젠테이션 과정에서 시작과 가운데 끝에서 어떤 방법으로 발표를 하는 게 효과적인지에 대해서는 일단 끝난 거야. 그런데 프레젠테이션을 할 때 모든 단계에서 꼭 기억해 두어야 할 게 있어. 얼굴 표정을 그때 그때 상황에 맞게 잘 연출하는 게 좋아. 표정과 함께 손동작을 통해서도 내용을 효과적으로 전달할 수 있어. 듣는 사람들과 자연스럽게 눈빛을 교환하면서 시선을 나누는 것도 중요한 부분이고, 말의 속도나 목소리 크기, 말하는 자세, 옷차림까지도 신경 써야 할 부분이야. 발표가 끝나고 나서 질문과 답변하는 시간을 가질 수도 있는데, 그때는 좀더 자연스럽게 다가갈 필요가 있겠지? 이럴 때는 순간순간 재치가 필요하기 때문에 평소에 책을 많이 읽어서 상식과 지혜를 쌓아둔다면 도움이 많이 될 거야. 그리고 좋은 책을 읽으면서 멋진 문구나 명언을 기억해 두거나 메모해 두었다가 이럴 때 멋지게 활용해 보는 것도 좋아. 재미나는 이야기나 우스개 소리도 많이 알고 있으면 적절하게 활용해서 흥미있고 알찬 프레젠테이션을 할 수 있어."

프레젠테이션 발표하기 3단계

❶ 시작부터 청중들의 마음 사로잡기

- 흥미를 끌 수 있는 다양한 방법으로 초반부터 시선을 사로잡아야 한다.
- 다양한 소품이나 시각 자료를 활용할 수도 있다.

❷ 발표할 내용과 순서 알리고 설명하기

준비한 발표 내용에 대해 자세히 소개해 주는 단계이다. 시선을 놓치지 않도록 중간중간 유머나 시각 자료 등 흥미를 유발할 수 있는 요소를 적절하게 활용한다.

❸ 핵심 내용 요약과 반복으로 마무리하기

발표의 핵심 내용을 다시 한 번 강조하면서 마무리한다.

2 스피치 평가하기

"소심아, '말 한 마디로 천 냥 빚을 갚는다' 는 말 들어 봤니?"

"물론이지, 이렇게 유명한 속담을 모를 리가 있겠어. 이모."

"그럼 이 말의 의미도 잘 알겠네. 말의 힘이 얼마나 큰지를 보여주는 속담 가운데 하나야, 우리가 살아가다 보면 이 속담처럼 지혜로운 말 한 마디가 얼마나 큰 힘을 발휘하는지 알게 되지. 반대로 잘못 던진 말 한 마디가 여러 사람을 고난에 빠뜨리거나 힘들게 하기도 하고. 그러니 세상을 좀더 지혜롭게 살아가기 위해서는 말을 잘하는 게 아주 중요한 거야. 그리고 무엇보다 말은 사람과 사람 사이의 의사소통을 도와주는 아주 중요한 수단이어서 자신의 생각을 얼마나 멋지게 표현하느냐에 따라 성공과 실패가 가려지기도 해."

"정말 듣고 보니 그러네."

"소심아, 이모가 말을 잘하기 위한 방법은 앞에서 다 얘기했지? 그럼 이번에는.."

"그럼 이번에는?"

"원래 클라이막스는 마지막에 있는 법.

정말 말을 잘하고 싶다면 다른 사람들이 과연 어떻게 말을 하는지를 잘 분석해 보면 큰 도움이 될 거야. 이모가 만들어 주는 표에 따라서 텔레비전을 보거나 라디오를 듣거나 혹시 누군가의 강연을 들을 때 그 사람의 말하기 태도와 내용을 보고 평가해 보는 거야. 그리고 그걸 거울 삼아 본받고 싶은 점은 따라하면서 연습해 보렴. 본보기가 될만한 말하기 태도를 내것으로 만드는 연습 말이야. 자신의 말하기 역시 객관적인 입장에서 평가해 보아야 해. 주어진 평가표에 따라 자신의 말하기를 동영상으로 녹화해서 하나하나 점수를 매겨보렴. 그러다 보면 자기도 모르는 사이에 자기만의 색깔 있는 멋진 말하기를 할 수 있게 될 거야."

예시  스피치 평가표

말하기 종류	말의 특징	느낀 점
뉴스 아나운서	말의 내용 : 말투와 발음 : 목소리 크기 : 말하는 태도 : 옷차림 :	
오락 프로그램 진행자	말의 내용 : 말투와 발음 : 목소리 크기 : 말하는 태도 : 옷차림 :	
정치인 연설	말의 내용 : 말투와 발음 : 목소리 크기 : 말하는 태도 : 옷차림 :